U0931283

黑天鹅时代的
商业逻辑

资本、模式与人性

蒋冬文 — 著

经济管理出版社
ECONOMY & MANAGEMENT PUBLISHING HOUSE

图书在版编目（CIP）数据

黑天鹅时代的商业逻辑：资本、模式与人性 / 蒋冬文著. —北京：经济管理出版社，2017. 5（2017. 9 重印）
ISBN 978－7－5096－5025－7

Ⅰ. ①黑…　Ⅱ. ①蒋…　Ⅲ. ①企业管理—研究　Ⅳ. ①F272

中国版本图书馆 CIP 数据核字（2017）第 047124 号

组稿编辑：何　蒂
责任编辑：杨国强
责任印制：黄章平

出版发行：经济管理出版社
（北京市海淀区北蜂窝 8 号中雅大厦 A 座 11 层　100038）
网　　址：www. E－mp. com. cn
电　　话：（010）51915602
印　　刷：北京晨旭印刷厂
经　　销：新华书店
开　　本：720mm × 1000mm / 16
印　　张：14
字　　数：180千字
版　　次：2017年5月第1版　　2017年9月第2次印刷
书　　号：ISBN 978－7－5096－5025－7
定　　价：45.00元

联系地址：北京阜外月坛北小街 2 号
电话：（010）68022974　　邮编：100836

我们正在穿越一条边界，

进入一个充满难以预测的混乱和指数级变化的世界，

我们对此尚未做好准备。

——哈佛商学院 约翰·科特

目录

CONTENTS

中篇 小而美 VS. 模式

下篇 误区 VS. 人性

PREFACE | 前言

大变革时代的商业冒险

打开这本书，映入你眼帘的不是华而不实的商业理论，不是艰深晦涩的商业术语，而是详实的、新颖的商业案例。这些案例涵盖了商业经营管理的重要方面，从细节到战略，从传承到创新，干货满满。

这是一本关于企业案例分析的实战用书，全书分为“巨头 VS. 资本”、“小而美 VS. 模式”、“误区 VS. 人性”三篇。

其中，“巨头 VS. 资本”所收录的商业案例涵盖了大公司的商业并购、商业模式、创新管理、创业历程、营销技巧、颠覆创新等多个方面，全方位、多角度地剖析了大企业的成功之道。

一个企业之所以能成为行业巨头，除了深耕产品、服务以外，在资本运作方面一定有过人之处。以中国互联网三大巨头BAT（百度、阿里巴巴、腾讯）为例，搜索、电商、社交起家的它们，通过频繁的投资和并购，业务不断向金融、物流、健康、制造、文化等领域扩张，依托资本运作，为自己的企业筑起了一条护城河，可以说，三大巨头的“商业帝国”正在转变成“资本帝国”。

“小而美 VS. 模式”中所收录的案例则详细分析了小企业的成功原因，包括增强客户体验、进行创意营销、提高效率、把控成本、提高产品质量等方面。对于创业者和小企业家而言，本部分内容有着强烈的现实指导意义。

随着互联网技术的快速发展，“小而美”的企业将成为未来商业的主流力量。例如，拥有7万名员工的雅戈尔，一年的利润是2亿元；而网店卡卡品牌服饰代理，只有28个人，一年就能盈利2400万元，两家企业的规模虽然没有可比性，但就人均创造的利润来说，卡卡品牌服饰代理却是雅戈尔的300倍！卡卡品牌服饰代理，利润如此之高，一个重要原因是实行“零库存”的商业模式，即店主先接到订单，然后再让制造厂发货，这大大降低了库存。当然，这种“小而美”的模式，需要有物流、管理体系的支撑。

“误区 VS. 人性”中收录的案例，主要揭示了公司失败的原因，包括忽视消费者、忽视企业文化建设、产品缺乏创新、技术变革缓慢、产品定位不明确、没有产品独特性、盲目多元化、主业不突出、忽视企业文化价值等。正是这些因素的叠加累积，致使企业运转出现问题，进而导致了企业的衰落、死亡。

这些失败的商业案例，有一个共同的原因，就是忽视了人性，人性有三大特点：贪婪、懒惰和自私，谁的商业模式能极大满足这些人性特点，谁就会成功。笔者认为，商业模式的本质有三个：价值本质、便利本质、优选本质。价值本质，是必须提供客户认为有价值的产品和服务；便利本质，是必须尽可能降低交易过程中的成本；优选本质，是相比较而言，当前这一交易对双方来说是最划算的。

以小米手机为例，同样的配置，价格却比其他品牌低很多，这符合了价值本质；在线销售策略，让消费者足不出户就能购到新机，这符合了便利本质；每一次的小米新手机发布会，都会同时发售高配和低配手机，这又符合了优选本质。正是因为参透了商业模式的本质，极大满足了消费者的需求，小米才吸引了大量粉丝，实现了快速崛起。

小米的这种策略很快吸引了众多竞争者效仿，但是，当粉丝忠诚度被其他品牌的低价和在线销售击碎之后，小米便可能走下“神坛”，被VIVO、OPPO、华为等品牌超越。小米在商业模式创新中，取得了巨大成功，但其科技创新与商业模式创新相比，却显得不足。纵观当今世界的领先企业，都是将科技创新与商业创新结合起来，以科技研发的突破、商业运营的成功确保企业有持续盈利的能力，支持后续的创新。

本书紧扣当前的商业管理实践，对当前的商业实践案例、商业经营方法进行了深入而细致的汇总分析和归纳。书中每一个案例的点评，都是笔者通过对该商业事件的深度观察和分析得出的结论，鞭辟入里又言简意赅。

本书在编写过程中，得到了诸位同事的大力支持，尤其得到关乐宁、蒋北和姜嘉琪三名编委会成员的鼎力协作，同时得到了出版机构的专业支持，在此对他们表示衷心的感谢。最后，笔者衷心地期望这本书能够对企业经营者和创业者走出经营困境和思维误区有参考价值，给那些致力于企业长远发展、不断提升企业价值的企业经营者和创业者带来实实在在的帮助。如果读者发现本书的不足之处，欢迎提出宝贵意见和建议。

编委会

主任：蒋冬文

编委：关乐宁　蒋北　姜嘉琪

上篇

巨头 VS. 资本

黑天鹅时代的经典语录

★ 创新是混沌的、偶然发生的、不可控制的，那些线性的、可控的流程很难自我维持下去。

★ 新鲜事物在互联网时代快速被创造的同时，旧事物退出历史舞台的速度远比我们想象的要慢。

★ 一切存在经销商、存在暴利的行业都有被颠覆的可能。

1. 不打价格战、不上市！这家民企凭什么年入 65 亿元？

导语

1996 年，茅忠群和父亲一起创建了宁波方太厨具有限公司，到如今，正好 21 年。

方太，从 21 年前的颠覆者，到成为领军企业，获得了授权技术专利近 600 项，超过行业第二名至第十名的总和，2015 年营业收入已超 65 亿元。

现今的方太厨具由习惯穿着浅蓝衬衫，戴无框眼镜，讲话轻声细语，书生气十足的茅忠群执掌。

斯斯文文的茅忠群，在企业家圈子里其实属于“另类”：当同龄企业家拼酒局时，他在家捧着国学著作阅读；当其他企业家追逐资本市场、一夜坐拥百亿财富时，他拒绝上市；当竞争对手遵循丛林法则、土狼文化时，他用儒家思想打造企业文化；当厨电行业充斥着价格战和劣质商品，方太比洋品牌卖得更贵，还卖得更好。以 4000 元以上的吸油烟机为例，以方太为龙头的国产品牌市场占有率逐年增长，目前已经超过90%。

那么方太成功的背后到底有什么商业秘诀呢？

不打价格战、不上市，只做高端

茅忠群一直认为，自己并非什么“富二代”，他说自己既不是继承者也不是守业者，而是和父亲一起创业的开拓者。

1994年，他的父亲茅理翔创建了以生产点火枪为主的飞翔集团，年出口量在全球位列第一，却因竞争激烈而陷入增长瓶颈。当时茅忠群在上海交通大学攻读硕士学位，春节回家过节，年夜饭的餐桌上，他感受到了父亲的无奈。

之前，他已看到点火枪事业的前景有限，当父亲邀他加入家族企业时，他的回答是，“我不想守业，我要创业”。

此时，厨电产品恰好进入他的视线，他发现该领域的高端产品都是洋品牌，欠缺国产高端品牌。于是，1995年他确定做高端吸油烟机。

之后，为了避免家族企业的裙带痼疾，他与父亲约法三章：第一，成立一个独立的品牌；第二，另起炉灶，亲戚不能进入；第三，关于方太的方向性决策，他说了算。

创业伊始，茅忠群就确立了专业化、高端化和精品化的品牌定位。开发第一款产品时，他们先对500户用户进行调查，找出当时市场上吸油烟机的六大弊端，比如吸力不足、滴油等，并联合高校的工业设计力量开发出第一款“深型机”。当年，这款机器卖出3万台。接下来，方太的第二款产品——Q型机的年销售量为40万台。

1996年，茅忠群聘请香港著名烹饪节目主持人方任丽莎任形象代言人，“炒菜有方太，除油烟更要有方太”的广告语响遍大街小巷。茅忠群此举名利双收，“方太”高端品牌的形象逐步确立。

方太的迅速崛起引起了同行的警惕。2000年，同行联合降价，价格降幅达50%，方太连续5个月销量呈零增长。“那段时间是我最难的时候，销售经理天天给我和父亲打电话要求降价。”但他坚持不降价，“一旦降价，品牌最初的定位就功亏一篑了。”结果方太当年的销售额持平，战火并非想象中的惨烈。

自此，“不打价格战”成为方太的一个经营理念。之后，茅忠群又往“一不”方针里注入了“两不”：不上市，不欺骗。前几年，江浙地区的创二代们频频染指资本市场以扩大版图，茅忠群却拒绝上市，“如果上市就面临着股价涨跌、投资方指手画脚等，为了销售利润不得不采取短期措施，对长期做品牌不利”。

在经过了这样一段艰难岁月后，方太几乎没有再遇到如此大的困难，不仅因为市场对于方太高端定位的接受，更重要的是，企业内部也越来越坚定了对于这一定位的追求。

茅忠群说：“1999年那段相对困难时期度过之后，一线销售人员已经不会直接问这个产品能否降价了。我们对销售人员的考核标准也是围绕着打造高端品牌的定位而来，我并不在乎方太在整个吸油烟机市场的占有率，方太在高端市场能够保持在第一，那就足够了。”

如今的方太已经成为了厨电行业，尤其是吸油烟机行业中名副其实的领导品牌，占据了超过30%的高端吸油烟机市场，不过对于已经取得的成绩，茅忠群依然显得很低调：“尽管经过这16年，方太品牌取得了初步的成功，但与欧洲的那些高端、奢侈品品牌相比，我们的时间积累还是很不够的，真正的高端品牌必须要经历住时间的考验，方太还需要不断努力。”

制造企业的根本，就是产品

2015 年，方太的销售收入是 65 亿元。茅忠群逐步加大了在技术创新方面的投入，现在公司至少 5% 的年收入用于研发。方太拥有厨电业首个国家级技术中心，业内全球规模最大的 8000 平方米的、设施最先进的厨电实验室，由 200 多人组成的技术研发团队在里面从事研发工作。

对于传统企业是否能够转型学方太，茅忠群表示，传统企业，首先一定要明白自己的方向是什么。

“制造企业的根本只有一个，就是产品。销售、渠道，当然都需要去做，需要与时俱进。但在好产品的基础上，营销才会有更好的结果。所以要想想，你的立企根本是什么？”

纵观国内，这几年，表面上感觉消费需求不足，很多企业的日子也比较难过。但另外，很多消费者到国外购买大量的高品质的商品。面对这种现象，中国提出了供给侧改革的战略，就是说，并不是国内市场需求真的不足，而是我们的供给有问题，我们的产品品质有问题。

过去很长一段时间，中国市场很大，爆发式的需求导致中国企业习惯于马马虎虎做产品，反正做出来都有人要。这种马虎是过去的环境造成的，现在环境变了，但这种马虎的惯性很强大，很难转变，因为是几十年积累下来的。

随着社会和经济的发展，中产阶层稳步壮大，他们现在需要的是高品质的商品，而不是廉价的商品。但是，国内市场很多时候满足不了这个需求。

所以茅忠群很推崇供给侧改革，核心就是产品的转型升级，而产品转型升级的核心就是要提倡工匠精神。

2016年《政府工作报告》上明确提出“工匠精神”，但工匠精神对中国企业意味着什么？缺乏积累的企业该怎么转变？

对此，茅忠群说：“我们要提倡工匠精神，研究怎么样把我们的产品做得更好。工匠精神的核心就是对产品一丝不苟、精益求精，这个在日本是表现得比较充分的。我想我们的传统文化中也不缺这个，所以目前提倡工匠精神非常及时，也有利于改善国内的需求。”

方太从创业一开始就提倡高端，定位于专业化、高端化、精品化。在研发端靠创新文化，在制造端靠工匠文化，贯穿整个过程的还有品质文化。所以方太从创业开始就有工匠文化在里面。

他引用王阳明的名言“破山中贼易，破心中贼难”，并解释道，你做不到是因为你不明白，你真正明白了，就很容易做到。

所以，真正明白就是意识到，企业不好过是因为产品太烂了。要想把企业做好，首先得把产品做好，要想把产品做好，就必须依赖工匠精神。只要深谙这个道理，传统企业转型并不难。

不做500强，要做500年

茅忠群有一句语录在网络上流传甚广，那就是——一个没有信仰的企业永远不会成为世界一流的企业。

作为一名企业家，常常会遇到困惑。在他看来，任何人都要有一些自己坚信的东西。而且这个东西必须是正确的，就是所谓正信。如果没有信念，会过得很苦、很累。生活中有很多抉择，没有信念，就会反复权衡利益得失，会很痛苦。有信念，做抉择就很容易了。

茅忠群说，方太交的税很多年来都超过他们的净利润。只以利益为考量的企业，税交得太多，就会动很多脑筋去避税或者逃税。有企业这么做，但他不会这么去做。作为企业家，首先要知道，合法纳税是应该的，其次要相信，税交得越多，对社会贡献越大，这是企业家的价值所在。

2015 年前，方太的愿景一直是“受人尊敬的世界一流企业”。他说，如果连劳动法都没做到，那谁会尊敬？“所以我不会只考虑利益，不会自欺欺人，很多决策都很简单，不是那么难的。”

2015 年后，茅忠群把企业的愿景又上升到新的高度。在 2014 年底总结大会上，茅忠群慷慨激昂地对着 1 万多名方太员工，宣布新的公司愿景时，员工都非常高兴。

2015 年，方太愿景从“受人尊敬的世界一流企业”修改成“伟大的企业”。他的理想是：不做 500 强，要做 500 年。

从传统文化看，企业不仅仅是经济组织，还是社会组织，所以不仅要满足顾客需求，还要利于社会、导人向善。古代的家庭更多地依附于大的家族，现在的家庭更多地依附于企业。所以，作为社会的重要组成部分，就必须要承担社会的责任。在此基础上，茅忠群列出了伟大企业的 4 个特征。

1. 顾客得安心

伟大企业的产品、服务一定是让顾客得到安心的，不会烦恼，不会浮躁，不会不安。游戏会让人沉迷，而这种沉迷不是家长所期望的，有些孩子沉迷于游戏，眼睛也坏了，其他的事情也不管了。这不是一个让人安心的产品，不是伟大企业应该做的。

2. 员工得幸福

不是企业竞争力很强就够了，很多员工过得很苦、很累、很不快乐，中国有很多这样的企业。但如果要做伟大的企业，我们要让员工得到幸福。

3. 社会得正气

社会责任是从你的经营管理开始，每一环节都要体现社会责任，都要为社会注入正能量。

4. 经营可持续

相信前三条都做好了，经营可持续基本上也能做到，因为都是相辅相成的，经营越来越好，前三条也可以做得越来越好。这是一个良性循环。

商业汇评

方太之所以能在同时代企业中脱颖而出，正是由于明确的目标与始终的坚守，并不随时代大流盲目波动，坚持制造企业的根本是产品，做受人尊敬的企业而非单纯地做大做强企业。因此，当其他企业家追逐资本市场、一夜坐拥百亿财富时，茅忠群拒绝上市；当竞争对手遵循丛林法则、土狼文化时，他用儒家思想打造企业文化；当厨电行业充斥着价格战和劣质商品，方太比洋品牌卖得更贵，还卖得更好。不上市、不打价格战，中国企业一样可以成功。

而这对于当下传统企业的转型也具有深刻意义，无论在哪个时代，商业都有两条不变的法则：一是要想把企业做好，首先应把产品做好，要想把产品做好，就必须依赖工匠精神；二是企业不仅仅是经济组织，还是社会组织，所以不仅要满足顾客需求，同时作为社会的重要组成部分，必须承担社会的责任，一个没有信仰的企业永远不会成为世界一流的企业。

2. 从谷仓发家到市值 2155 亿元！它如何创造出占领 95% 芯片市场的神话？

导语

2016 年，孙正义的软银集团爆出了一个大新闻，相信大家第一时间想到的是，孙正义是不是又来阿里巴巴掺和了，如果你这么想，那就大错特错了！这回，投资大王孙正义瞄准的可不是阿里巴巴，而是 ARM！

7 月 18 日，英国芯片设计商 ARM 向外界证实，该公司已同意接受日本软银公司 243 亿英镑（约合人民币 2155 亿元）的收购要约。据悉，软银将以每股 17 英镑的现金收购 ARM，较后者上周五的收盘价溢价 43%。

花 2155 亿元收购了 ARM，软银集团可算是下了大血本，精明的孙正义肯定是发现了这里面可以大赚一笔才义无反顾地豪掷千金！

那么 ARM 究竟是什么样的一家公司呢？孙正义此次收购到底

意欲何为呢？这次对 ARM 的收购是否会影响到软银集团的发展前景呢？下面，笔者就带你一探究竟吧！

从谷仓发家到占领世界 95% 的芯片市场

ARM 这家公司其实已经有近 40 年的历史了。

1978 年 12 月 5 日，物理学家 Hermann Hauser 和工程师 Chris Curry，在英国剑桥创办了 CPU 公司，主要业务是为当地市场供应电子设备。1979 年，CPU 公司改名为 Acorn 计算机公司。

起初，Acorn 公司打算使用摩托罗拉公司的 16 位芯片，但发现这种芯片太慢也太贵。"一台售价 500 英镑的机器，不可能使用价格 100 英镑的 CPU！"他们转而向 Intel 公司索要 80286 芯片的设计资料，但遭到拒绝，于是被迫自行研发。

就是这么霸气，嫌别人家的芯片贵，一言不合就撸起袖子自己研发。

很快，在 1985 年，Roger Wilson 和 Steve Furber 设计了他们自己的第一代 32 位、6M Hz 的处理器，并用它做出了一台 RISC 指令集的计算机，简称 ARM（Acorn RISC Machine）。

这也就是 ARM 名字的由来，看来这个公司的名字起得也是蛮随意的。

就这样，ARM 从原来的 Acorn 计算机公司独立出来，由于它所设计的 RISC 指令集计算机支持指令非常简单，功耗小，价格又便宜，特别适合移动设备，因此被业界推崇。早期使用 ARM 芯片的典型设备是苹果公司的牛顿 PDA。因此，ARM 被人称作是"英国的苹果电脑公司"。

20 世纪 80 年代后期，ARM 很快开发出 Acorn 的台式机产品，这为英国的计算机教育打下了基础。

1990 年 11 月 27 日，Acorn 公司正式改组为 ARM 计算机公司。苹果公司出资 150 万英镑，芯片厂商 VLSI 出资 25 万英镑，Acorn 本身则以 150 万英镑的知识产权和 12 名工程师入股。ARM 公司的最初办公地点非常简陋，就是一个小小的谷仓。

20 世纪 90 年代，ARM 32 位嵌入式 RISC 处理器由于其低功耗、低成本和高性能，在嵌入式系统应用领域占据领先地位，从而扩展到世界各地。而且 ARM 既不需要生产芯片也不需要销售芯片，只出售芯片的技术授权即可。

苹果、高通、富士通、IBM、任天堂、三星电子、夏普、德州仪器、LG、索尼、飞利浦等大公司都开始使用 ARM 的芯片，不过虽然 ARM 的芯片被广泛运用，但它的利润和同样生产芯片的英特尔公司相比简直是九牛一毛。

平均每卖出一部手机，ARM 只能得到 1 美分的利润，而同样情况下英特尔却能够获得数十甚至数百美元的收益。慢慢地，市场的天平开始向 ARM 倾斜，大家开始慢慢认识到 ARM 的物美价廉，ARM 的销量飙升。

直到最后，全世界 95% 超过 61 亿部智能手机都在使用 ARM，此外，还有大疆无人机、电视、智能汽车、可穿戴设备也都使用着 ARM 的芯片。

就这样，ARM 公司被软银集团用 2155 亿元一举收购，可谓是创造了芯片界的一个传奇。

从当年一个小小谷仓里创建出来的公司，到最后享誉市场、被成功收购，我们可以看到 ARM 是在用技术说话、用市场取胜，它会继续发光发热，延续它的传奇！

2155 亿元收购 ARM，孙正义这次能取胜吗？

孙正义可谓是日本投资界的传奇人物，1981 年他创建了软银集团，并用 33 年的时间将之打造成一个信息技术帝国，另外他还在马云成立阿里巴巴初期投入巨额资金，成为阿里巴巴的最大股东。

美国《商业周刊》杂志曾把孙正义称为“电子时代大帝”。2014 年 9 月 16 日，随着阿里巴巴登陆美股市场，孙正义的财富净值也随之涨至 166 亿美元，跻身日本首富。不过，因为花费重金收购了美国电信运营商 Sprint，孙正义的个人财富从 2013 年的 191 亿美元跌至 132 亿美元，直接损失了 59 亿美元，下跌了 31%。

大家原本以为，孙正义在失去首富的宝座后会一蹶不振，没想到，2016 年他又搞出了大动作，豪掷 2155 亿元一举收购了英国 ARM 公司。而且此次收购是在软银自身背负债务约 1120 亿美元的背景下，这不仅突破了软银投资史上最大纪录，更是成为了科技界大手笔投资的典型案例，足够与 DELL 收购 EMC、Arago 收购 Broad-com、微软收购 LinkedIn 等案例比肩了。

也有人说，孙正义的这次投资延续了他一贯的风格，体现了其激进的投资理念。孙正义在此次软银集团疲软之际，以超出外人想象的魄力投资 ARM 公司，他用这样的行动，来宣布自己“王者归来”。

孙正义这次如愿收购 ARM 也意味着他从某种意义上击败了苹果公司，5 年前，苹果也曾试图用 80 亿美元收购 ARM，但无果。而对于 ARM 为何之前拒绝苹果，又与软银一拍即合，ARM 的 CEO 西蒙・希加斯这么说，“一是每股 17 英镑的收购价格较为理想，二是 ARM 与软银对未来的看法一致”。

那么花了这么多钱收购 ARM 后，孙正义要做什么呢？孙正义说，由于软银积极寻找物联网的机遇，ARM 会成为软银绝佳的战略资产补充和未来增长战略的核心，这是软银进行的最为重要的投资之一。

显然，孙正义已经把 ARM 当做今后软银集团未来业务的核心。ARM 在孙正义看来是一块肥肉，它的市场前景及其自身所带来的附加值远远高于这次收购所用的 2155 亿元。

软银收购 ARM，用 Hermann Hauser 的话说，也意味着“未来新科技的决定权不再在英国人手中，而是在日本人手中”。更意味着软银几乎握住了全球所有手机厂商的命脉，而作为软银最大股东的孙正义更是抓住了全球手机厂商的命脉！

目前 ARM 主要的业务增长分为三类，分别是移动计算、企业基础架构及嵌入智能等，现在 ARM 在这三大市场所占据的市场份额分别为超过 85%、15% 和 25%。预计到 2020 年，ARM 的移动计算市场将增至 400 亿美元。

孙正义对外表示，“这是我们迄今为止最重要的一项收购，我认为 ARM 将会成为软银增长战略的重要支柱。”

此次花巨额资金收购 ARM 对孙正义来说无疑是一场豪赌，如若赢了，那他将赢得彻彻底底，把控住了全球手机厂商的命脉；如若输了，那软银集团势必陷入更深的债务危机。到底未来结果如何，就让我们拭目以待吧！

商业汇评

从当年在一个小小谷仓里创建，到最后享誉世界、占领了世界 95% 的芯片市场，英国芯片设计商 ARM 的崛起和与英特尔巨头的角逐，无疑为现在的市场格局点亮了一丝曙光——即使市场中存在巨头，只要你有足以媲美甚至超过巨头的核心优势，那你一样可以取得成功甚至成为下一个巨头。

另外，这个案例对于投资者也极具启发意义。孙正义此次无疑为一次豪赌，选择放弃如日中天的阿里股权而投资一家新公司。成则为王，败则潦倒。许多人都评价其决策并不明智、不够稳妥。但是，孙正义向来富有冒险精神、不惧一时输赢。当年，他不也曾经历了财富大缩水的窘境吗？然而后来，市场的发展和投资价值证明了他当初的决策是正确的。

3. 从木工学徒到“家居装饰”大王，从600元起家到资产600亿元，他的秘诀是什么？

导语

从1986年借款600元起家创业，到如今的“家居装饰”大王，车建新花了近30年的时间把红星美凯龙打造成中国最大的家居连锁商场，并使之成为老百姓家喻户晓的品牌。

车建新出生在中国改革开放前江苏常州的一个劳动者家庭。他没有读完高中，辍学后开始做木工，这也成为了他与家居缘分的开端，之后他的家居市场之路越走越远。

家居大王的来时路

1982年，车建新离开学校，到金坛的建筑工地做学徒，开始自食其力。1986年，车建新揽下了一个做组合家具的活。为了做出第一套家具，他软磨硬泡地借了姨夫准备盖房的 600 元做本钱。仅仅一年半的时间，他创办了青龙木器厂，走上了企业化生产之路。

1990 年，车建新用他的第一桶金创办了占地 1000 平方米的“红星家具城”，这是常州及周边地区第一家大型家具专营市场。

1992 年，经过精心筹备的南京红星家具城正式落成。

1996 年，红星美凯龙率先尝试“品牌捆绑式”经营，通过筛选品牌、质量和服务，让顾客满意的厂商进驻其商场，追求与其互利共赢。

2015 年 6 月 26 日，红星美凯龙于香港联合交易所主板挂牌上市。

截至 2015 年 12 月 31 日，红星美凯龙商场网络增至 177 家，总经营面积约为 1166 万平方米，覆盖全国 28 个省、自治区、直辖市的 126 个城市，包含 55 个自营商场及 122 个委管商场。

红星美凯龙

这个品牌名称听起来霸气十足，究竟这样命名有何含义呢？

车建新回应命名是“凭空想象”的，美凯龙这三个字寄托着车建新对于豪华舒适的想象与期待。

这个横空出世的名字如今代表的是中国最大的家居连锁商场，占据了中国大型家居商店的销售总额 1/3 以上的份额。

在北京和上海等一线城市里，车建新的商场都是巨大的建筑，跟它们所处的都市稠密环境相比不成比例。这些商场面向的是想让房间看上去有品位、舒适并且永远乐于购物的顾客，成功迎合了顾客所想所需，让顾客感到自己买的是“鉴赏品”、“收藏品”。

红星美凯龙将坚定地走文化营销和艺术家居之路。“提升国人家居生活品位”是其核心理念。在车建新看来，任何一种文化或者艺术，都像打磨一件家具一样，需要细工慢活、精雕细琢。

很多人都觉得中国的老百姓不愿意为设计买单，但红星美凯龙希望能成为领头人，让行业意识到原创、中国工艺的力量。

家居热与美凯龙的扩张之路

中产阶层的稳步壮大，房地产投机活动的降温，意味着更多的购房者确实居住在他们新购置的住房里，这对于像红星美凯龙一样的连锁商场而言实在是好消息。

为了让消费者继续光顾自己的商场，车建新还在中国各地扩张。不断发展的城镇地区是他的优先选择。

因为海外家具的成本很高，中国的家具行业以本土企业为主，因而营销具有很强的中国特色。在中国设有18家门店的宜家（IKEA）侧重于成本较低的“自己动手制造（DIY）”市场，而车建新瞄准的是中高端市场。在销售方面，红星美凯龙多年来一直利用名人来让旗下商场获得客流。2016年该公司新签了2位名人：2015福布斯中国名人榜上现年26岁的女演员杨颖（Angelababy），以及资历较长的玉兰油化妆品代言人高圆圆——她能够吸引更加成熟的顾客。

拒入双十一，发展自有电商

互联网冲击已经让许多实体公司衰败，但车建新认为在未来几年内互联网不会对他的家具买卖造成很大的影响。他之所以对家居电商保持谨慎，对传统零售依然充满信心，是因为他看到了家居行业做电子商务的五大壁垒：

（1）家居行业的经销体系；

（2）家居是高体验产品；

（3）家居产品的高客单价；

（4）家居产品的多品类和非标准化；

（5）消费者购买家居的低频次。

2013 年，他通过公开打赌的方式，向“马（马云）王（王健林）”发起挑战——如果 10 年后纯电商在中高档家居零售市场的份额超过 15%，他愿意输给王健林和马云各 1 亿元。

他也在公司内部发出禁令，严禁红星美凯龙线下卖场推广天猫双十一促销活动。

（1）严禁任何商户以任何形式在卖场内传播或推广其他电商线上的双十一活动；

（2）严格查处商户使用天猫 POS 机给线上做销量；

（3）严格禁止商户为工厂在其他电商线上的订单送货安装。

并非每个人都能向天猫双十一投出赞同票，尤其是线下传统渠道。车建新和万达董事长王健林一样，并不认可电商的吞噬能力可以摧毁传统零售业态的观点。

拒入双十一，不代表美凯龙拒绝互联网与电商

车建新对红星美凯龙自有电商业务寄予厚望。自 2015 年重金打造电商平台——红美商城开始，红星美凯龙就对电商进行了一系列的尝试。尤其是在 O2O 场景的使用上，红星美凯龙希望将传统渠道的线下展示优势与电子商务的高效运营结合在一起。

对于两个女儿在互联网领域的探索，车建新也不做任何干涉，让她们找到正确的方法来实现传统行业的互联网转型。

2012 年 7 月："红美商城" 正式上线，打造家居领域的天猫综合性电商平台。

2013 年 4 月：更名为"星易家"，重建了来自阿里巴巴、齐家、唯品会等企业的团队。

2015 年 1 月："星易家" 品牌重新变为"红星美凯龙网"，甚至一度传出团队裁员的消息。

目前红星美凯龙 O2O 引入合伙人制，成立公司进行独立运作，所有商场和 O2O 平台进行融合，此外还在探索互联网家装领域。

车建新还在进军互联网金融领域，要做家居界的 P2P，为 5 万多个商户、1 万多合作工程提供 P2P 的金融平台。

身为"二代"的传承

车建新称自己是"二代"，他认为是父母的勤劳、俭朴、正直影响后人干出了业绩，虽然父母只是普通的农民、普通的泥瓦工，却是伟大的教育家，

真正做到了精神传承。

而在车建新的言传身教下，子女对事业也充满热爱，并具有开拓进取、勇于创新的精神。

如今，大女儿车一鸣任红星美凯龙电商副总裁，目前主要负责集团的电子商务业务。小女儿车有露不久前刚刚辞职，独立创业去做一款互联网产品，也与家居行业有关。两个女儿都进军互联网，实现了家居卖场在线上线下的互补与互动。

车有露表示，如果做成，家居流通业的业态肯定会发生改变。跳出家族企业才能建设更好的做互联网产品的机制、更适合的公司文化和管理制度。

家族事业

车建新认为，家族企业的传承，不仅意味着代际交接，更意味着共同创业；不仅是家业长青，更是事业常新。

始终紧跟商业前沿，把握时代脉搏，并且放手让子女在新领域进行大胆的尝试和创新，这正是智慧传承的魅力。

对于两个女儿在创业中犯的小错误，车建新几乎从来不批评，而是以鼓励为主。

他认为企业家不是培养出来的，而是实践出来的，他会让子女先做“小企业家”，慢慢地再往她们身上压担子、压任务，越做越多、越做越大，这才是最好的传承方式。

车建新在对子女言传身教的同时，也在向子女学习。终身学习是车建新一直奉行的，除了个人的学习之外，他还要将企业和家族都打造成学习型组织。车建新曾说，他的人生有三个理想：第一个是要做一个学者；第二个是要把自己打造成为一个绅士；第三个是要把红星美凯龙这个企业做得在世界上有名气，打造成世界500强。

随着红星美凯龙的发展，随着子女的成长，车建新也在考虑成立家族委员会、制定家族宪法等在家族治理方面的设计。不过，所有治理结构设计上的成败，最终都取决于人，也就是家族内部的人力资源的基础素质。

商业汇评

车建新是中国传统企业家的一个典型代表——为人勤劳质朴，白手起家、通过自己的努力一步步稳妥走来，开创自己的事业。同时，面对互联网，他也表现出传统企业家的谨慎态度，认为互联网并不能冲破传统行业的门槛，对传统零售依然充满信心。但谨慎并非拒绝，对于互联网这样的新事物，车建新采取了接纳的态度，希望将互联网变为一个工具，借力发展企业。

另外，车建新的做法对于家族企业传承具有启示意义。家族企业的传承，不仅意味着代际交接，更意味着共同创业；不仅是家业长青，更是事业常新。因此，他始终紧跟商业前沿，把握时代脉搏，并且放手让子女在新领域进行大胆的尝试和创新。企业家不是培养出来的，而是通过自身实践一步步成长而来，这才是智慧传承的魅力。

4. 从小作坊到万家连锁店，这家药店如何创造出连续 100 年的盈利神话？

导语

说到药店，相信大家都很熟悉，不过药店给我们留下的印象通常都是大同小异的，不管是药店的门面外观，还是药店内部货架摆放的规格布局，都显得古板窠臼。

美国却有一家与众不同的药店，它不仅提供最基本的药店服务，还是一个环境优美的咖啡厅，甚至你还可以在里面享受美甲、冲洗照片等服务。笑容洋溢的店主和服务周到的店员，让你难以相信这竟然是一家药店。

这家叫沃尔格林的药店可以说是药店里的龙头，自创立起，年年盈利，创造了连续 100 多年的盈利神话。目前，其仅在美国就拥有 8173 家连锁药店，80% 的美国人家附近 8 千米范围内，就能找到至少一家沃尔格林实体店，沃尔格林药店每年处理的处方更是高达 8 亿张！

这家药店为何能够创造如此惊人的奇迹呢？它是靠什么取胜的呢？下面笔者就带你一起去解密沃尔格林！

创立 115 年，成为美国最牛电商

1901 年，沃尔格林作为美国芝加哥的一个家庭作坊式的小店诞生，沃尔格林经历了百年沧桑发展到现在，成为了世界上最大的食品和药品零售企业。

它已经创造了 100 多年的药店盈利神话，并且在业绩上超过了英特尔、通用电气、可口可乐及默克公司等世界著名企业。

沃尔格林可以称得上是世界企业史上的一个传奇，一个世纪以来，沃尔格林不仅生存了下来，还在其他许多知名竞争对手纷纷落马的情况下，不断蓬勃发展，在自己 100 多年的发展历史中年年盈利，创造了神话。

沃尔格林还凭着自己骄人的业绩频频登上《财富》杂志的“最佳业绩与最受推崇的企业”排行榜！在互联网时代下，O2O 快速发展，传统企业大都陷入了发展困境之中，面临着棘手的转型升级难题，许多传统企业甚至新兴的 O2O 企业面临着倒闭的风险。反观沃尔格林，作为一个历史悠久的典型传统企业，却通过转型升级在医疗电商领域继续上演它的神话，成为了美国最牛电商。

最强药店沃尔格林是这样炼成的

1. 不做药店，要做一站式购物场所

走进沃尔格林，你肯定会怀疑，自己来到的是超市、是咖啡馆还是药

店呢？沃尔格林药房的布局不是传统的一排排死板的药品货架。走入药店，首先映入眼帘的是即时制作的健康餐食、现场加工的新鲜水果和寿司，甚至还提供鲜榨果汁和手磨咖啡供顾客享用。

走进沃尔格林，你所感受到的气氛是愉悦欢快的，并不像走进其他药店那样沉闷无趣甚至压抑。由于现在很多药品都是处方药，于是沃尔格林把药库设在了药店最里边柜台处的一个封闭空间内，顾客只需把药方递给柜台内的药师，便可在旁边一个舒适的等候区休息等候。

考虑到不同国家顾客的需求，药店提供了多至15种语言的药品说明在线翻译，只要你选择特定的语言，它就可以自动打印翻译，最后会将打印好的说明书随着药品一起送到顾客手中。

沃尔格林的目标不是做一家简单的药店，而是要切实考虑到现如今消费者的多样需求并提供更多方位的服务。它能够带给顾客更完善、更舒适的用户体验，沃尔格林成功地把自己从一家简单的药店转变成了能够提供专业药学服务的一站式购物场所。

2. 为雇主提供最经济的医保方案

在美国，各种公司及机构老板们每年都要为雇员支付大量的医疗费用，因此，他们一直都在寻找一些新型的、更有创意的医保方案，以节约开支。沃尔格林旨在为这些大公司机构的雇主们提供最经济的医保方案。

对于沃尔格林来说，超过7000家的门店是他们在行业内保持领先地位的基础，未来公司看重的是利用这些门店为消费者提供更多的基础诊疗服务，并且把更多专业服务直接送进人们的工作场所，大大提升药学及健康服务的便利性。而要实现这一目标，争取雇主们的信任与肯定是首要一环。

2009年早些时候，沃尔格林推出了一个名为“完整保健和福祉”的药品、保健和健康计划，力图帮助美国的雇主们在医疗保健和处方药上减少支出。

这个计划的另一个重要目标就是把公司旗下的社区药店、专科药店、诊所和建立在公司或大型机构内部的分支机构全部整合起来，向雇主们推出更为便利的系列服务。

来自沃尔格林的专业人士会走进雇主公司员工们的办公室，与他们交流，这种方便的沟通将帮助雇员们了解各种健康知识以及自己所能享受的保健计划带来的各种益处，既能确保员工健康，也能提高整体服务效率。

为雇主服务、为雇主着想、为雇主省钱的做法，使沃尔格林得到了越来越多大公司机构老板们的青睐，他们甚至会专门指定沃尔格林为其提供医保服务计划。

3. 做最了解顾客的药店

对于消费者来说，无论他们走进沃尔格林的哪家门店，药师们通过这个全新系统都可以很快找到他们过去在沃尔格林消费的全部档案，了解他们的病史以及用药情况，然后做出判断，他们可能需要哪些药品、哪些产品不宜使用、还有哪些服务或促销计划是适合他们的。

夸张点说，沃尔格林甚至比患者本人还要更了解患者。

沃尔格林对顾客的考虑十分周全。比如，对于那些有着多种需求的顾客来说，他们不必先到社区药店买药，再跑去专科药店寻找自己所需的产品，药师们拿到处方之后就可以帮助他们进行处理，把药品送上门或者送到离他们比较近的门店，一切都根据顾客的方便。

这种一站式的服务不仅可以帮助顾客节省时间与精力，还可以在消费者与药师之间建立起一种更为紧密的联系，促使他们相互了解、相互信赖。

4. 用信息技术提升服务，做医疗电商

有数据显示，美国约 19% 的处方都是在沃尔格林药店里调配的，这个数字在历史上是绝无仅有的。但是，对于沃尔格林高层来说，他们不会对这个成绩沾沾自喜，就此停滞不前，而要考虑的是保健及药品零售业要出现的变革，以及沃尔格林如何在这种变革中保持领先地位。

因此，他们运用先进的信息技术，配合整个公司的业务整合与转型，力图为消费者提供全新服务，甚至改变消费者的购物行为。这个系统的目标被沃尔格林称为“锁定患者”。无论患者是到沃尔格林的社区药店、药店内诊所、专科药店还是设立在企业内部的诊所或药店消费，这个系统都可以快速搜集、传递并记录他们的相关信息。

这些信息经过整合、处理之后，将把管理式医疗保健计划提供给健康计划的支付者（雇主们）、医生和患者本人。医保计划的管理者和雇主们可以借此寻找更经济的解决方案；患者们可以借此进行疾病管理、改进生活方式。

沃尔格林也希望通过这样的做法重新定位自己，不仅能提供最基础的处方调配和药学服务，还能提供更为广泛的医疗保健服务。

目前，沃尔格林主要的业务包括社区连锁药店和线上业务，旨在推动线上线下一起发展。2011 年，沃尔格林以 4.29 亿美元收购了美国第一大医药电商网站 drugstore.com。目前，沃尔格林拥有 Walgreens.com、Drugstore.com 和 Beauty.com 等电子商务网站，还拥有 10 个 APP 和移动网站。

用户可以通过沃尔格林的网站或者 APP，获得 MDLive 的线上面对面远程医疗服务，每次医疗访问服务的价格是 49 美元。可以看到，沃尔格林的目标是将实体店、网络和手机三种渠道统一起来，打破时空限制，试图打造一个拥有完整商业生态圈的电子商务公司。

沃尔格林的成功非常值得一些传统的药店学习和借鉴。

商业汇评

沃尔格林作为一家与可口可乐等公司一样，拥有百年历史的传统企业，始终长盛不衰，正是因为抓住时代脉搏、主动适应环境，并懂得商业世界里的变与不变。无论哪个时代，对于企业来说，最关键的永远不变——为消费者以更好的方式提供更优质的服务。

首先，全面了解顾客，并根据他们的具体情况制定服务方案，不仅可以帮助顾客节省不少的时间与精力，还可以在消费者与企业之间建立起一种更为紧密的联系；其次，从消费者的立场出发，为他们提供最经济的服务，切实为雇主服务、为雇主着想、为雇主省钱，就能赢得雇主的信任；再次，提供更完善的购物体验，从一家简单的药店转变成能够提供专业药学服务的一站式购物场所；最后，要主动迎合时代机遇，用信息技术提升服务，并配合整个公司的业务整合与转型。

5. 32岁前他一无所有，2015年一年净资产543亿美元，秘密何在？

导语

拉里·埃里森，最大数据库软件公司甲骨文的老板，旗下产品遍布全球。当你从自动提款机上取钱，或在航空公司预订航班，或将电视连上互联网时，都是在和甲骨文打交道。

他“最好的朋友”是“乔帮主”（史蒂夫·乔布斯），美国知名财经媒体CNBC曾将他列入“过去25年来对商业最具影响力的25大人物”之一。他也是硅谷创业者中“退学联盟”中的重要成员。

带着可能是硅谷有史以来任期最长CEO的光环卸任后，他继续留任执行主席兼CTO。

2015年，他的净资产为543亿美元，约3500亿元人民币。

退学大咖

拉里·埃里森的退学经历要比一般的退学创业大咖复杂得多。

他的辍学时间远比比尔·盖茨（Bill Gates）、迈克尔·戴尔（Michael Dell）及他的好友史蒂夫·乔布斯（Steve Jobs）更早。

在南岸高中时，拉里·埃里森不是个吸引眼球的男同学。成绩一般，没什么特长，也没拿过奖。

1962年，埃里森高中毕业，进入伊利诺伊大学就读，两年后因为养母去世而离开学校。而《商业周刊》报道称是因为平均成绩没有达到及格水平，他本人对此不予置评。后来他又进入芝加哥大学就读，同时还在美国西北大学学习。

虽然经历了三个大学，但最终他是没有得到任何大学文凭。

作为硅谷“退学联盟”的重量级成员之一，埃里森在耶鲁大学2000届毕业典礼上发表了世人看来最为狂妄、不受欢迎的演讲。

“说实话，今天我站在这里，并没有看到1000个毕业生的灿烂未来。我只看到了1000个失败者。你们感到沮丧，这是可以理解的。为什么，我，埃里森，一个退学生，竟然在美国最具声望的学府里这样厚颜地散布异端？我来告诉你原因。因为，我，埃里森，这个行星上第二富有的人，是个退学生，而你不是。因为比尔·盖茨，这个行星上最富有的人——就目前而言——是个退学生，而你不是。因为艾伦，这个行星上第三富有的人，也退了学，而你没有。再来一点证据吧，因为戴尔，这个行星上第九富有的人——他的排位还在不断上升，也是个退学生。而你，不是。”

他认为乔布斯到了研究生才选择退学实在是晚了一些，并劝还没来得及毕业的人赶快离开学校，将自己的理想付诸现实。

从他的演讲风格也可以看出，这是一个多么极端，"潇洒不羁爱自由"的人。

别样人生

他的任性不仅在于任性地表达自己的观点、过着极度不羁的生活，他甚至会编造自己的童年生活。

据埃里森自己说，他生长在芝加哥南区一个频频发生街头暴力事件的破败街区。被生母遗弃的他由亲戚抚养长大，从小没接受过正规教育。

然而，实际上是，9 个月大时，他差点因肺炎而死，为此他的生母改变了独自抚养的念头，把他送到亲戚家。那是一对家境殷实的夫妇，居住在富裕的芝加哥北区。

在高中，拉里的学习本来可以很好，但他的思维太过背离传统。他得到了一个桀骜不驯的名声，学校里也没交上几个朋友。大学亦如是。

实际上，在 32 岁之前，他一直没有显现出过人的天赋。工作换得很频繁，钱也挣得不多。唯一不变的，大概就是花钱如流水了。

在他跟第一任妻子合起来每月只挣 1600 美元的时候，他敢借钱买上千美元的自行车；常常上高级餐馆吃饭；去比佛利（好莱坞明星聚居地）找整形外科医师做手术矫正鼻梁；借 3000 美元买 34 英尺长的帆船……

过了 7 年挣钱不多却花钱如流水的日子之后，第一任妻子艾达·奎因实在受不了，和拉里·埃里森离婚了。虽然拉里挽留说："如果你还愿意和我过，我会成为一个百万富翁，到时候你想要什么就会有什么。"

但是，听一个过了 7 年入不敷出的生活的人突然许诺未来的飞黄腾达，你能信吗?

在妻子的劝告下，埃里森同意接受婚姻诊断，尽管此时再想挽救婚姻已经太迟（艾达已于当年秋天离开了他），但这事仍然让他经历了某种顿悟。渐渐地，他开始思考自己的强项和弱势在哪里，以及怎样去扬长避短。

分水岭来临

与第一任妻子婚姻的无以挽回似乎开启了埃里森辉煌人生的开关。

几个月后，他告别了腐化的生活方式，撞上一个改变了他一生的商业机会。

精密仪器公司需要用软件来改进他们的数据扫描仪，供大公司将数据上传进大型主机之用。埃里森从前公司挖来了两个朋友，天才程序员——鲍勃·迈纳和爱德华·欧茨，提议一起创作这套软件。

他们花 2000 美元（其中拉里投资 1200 美元，占股 60%）成立了甲骨文前身 SDL 公司。

之后，埃里森的“开挂”人生便一发不可收。

IBM 实验室的最新研究成果《R 系统：数据库关系理论》使埃里森发现了可以大赚一笔的数据库软件市场。于是，他们开始着手数据库的工作。

由于 IBM 内部的研究小组有大学校园一般的开放性，埃里森和伙伴们获得了开发自己数据库软件所需的全部资料。他们从干第一份活儿挣来的钱中抽出一部分作为经费，继续开发他们的第一个商用数据库产品，他们称之为“甲骨文”。

墙内开花墙外香，并没有受到 IBM 内部重视的研究成果被埃里森一眼相中。之后，他凭借谜之自信和良好的口才拿下了美国中情局的订单，在业界混出了名气，然后凭借过硬的技术和更加过硬的营销，迅速打开市场，将甲骨文发展为如今的巨头。

在埃里森将甲骨文打造成为全球最顶尖的数据库软件供应商后，他将自己的重心放在了统治全球商业软件领域方面。其中，最著名的案例是甲骨文斥资 103 亿美元恶意收购美国 PeopleSoft。

几年前，埃里森开始将甲骨文带入了一个全新领域，即通过以每股 9.5 美元、总价 74 亿美元的价格收购 IT 服务提供商 Sun Microsystems 而正式进军硬件业务。埃里森相信，无论自己的企业规模有多大，唯一可以使自己立于不败的秘籍就是不断重塑自我。

他还重塑了云计算，即软件即服务（software-as-a-service）的概念，并为 Salesforce.com 和云计算商务管理软件套件开发商 NetSuite 等企业提供了种子资金。

虽然曾经依靠 IBM 的技术狠赚一笔，但显然，埃里森并不准备因此给予 IBM 特别优待。他的信条来自成吉思汗，“我自己的成功还不够，其他人必须失败”。

埃里森从不忌讳在公司的会议、季度财报分析师会议，甚至是广告中谈论其他竞争对手的表现。

因为甲骨文在广告中声称公司的 SPARC T5/M5 服务器的性能要比 IBM 的 Power7+ 服务器性能高出近 3 倍。美国全国广告部已经要求美国联邦贸易委员会（FTC）介入甲骨文利用广告打压 IBM 一事，并全面调查甲骨文的广告。

他用“笨蛋们”称呼竞争对手惠普的董事会，他还嘲笑 SAP 联合创始人 Hasso Plattner 的发型是“野生版爱因斯坦”。

饱受争议，但有钱任性

从一文不名、欠债无数的奢侈穷小子，到如今在福布斯榜上有名，埃里森不变的是对奢侈的向往。

曾经买二手奔驰，借钱买帆船，如今有钱了，他不仅自己买游艇、玩帆船，还养了一个船队。他出资9000万美元与宝马公司共同建立了“宝马甲骨文”帆船队，拥有世界上最好的帆船和水手。

他还曾为了美洲杯帆船赛放弃了甲骨文OpenWorld大会。OpenWorld是甲骨文公司内部的重要会议，上百名经理级的人物会聚集在旧金山，但埃里森却因为帆船赛放弃了它。之前他还因为同样的原因，没有参加公司的财务电话会议。

“我喜欢同人竞争，甚至已经对胜利感到上瘾。我获胜的次数越多，就越希望继续赢下去。”这样的心态不仅使埃里森成为了硅谷任期最长的CEO，也促使他在奢侈方面永无极限。

2003年，微软创始人之一的保罗·艾伦花2.5亿美元建造了“章鱼号”游艇，埃里森知道“章鱼号”的具体参数后，立刻要求制造商扩大规格，制造了更大更豪华的Rising Sun号，把保罗比了下去。

除此之外，他还有一个私人高尔夫球场、数艘游艇、数幢别墅、两家航空公司、一个独立夏威夷岛屿以及多片私人网球场地。

他还曾因飞机太大，在圣何塞市遇到麻烦。圣何塞市条例规定，飞机重达75000磅及以上将禁止在进入城市上空飞行，除非着陆时间在11：30PM和6：00AM点之间。但埃里森坚持，他的飞机在降落时从来没有在规定时间内。

他也没有放弃与埃隆·马斯克竞争钢铁侠称号的机会，并且成功地在

第二部《钢铁侠》中出了镜。

商业汇评

埃里森的经历极富传奇色彩，一生“潇洒不羁爱自由”，极度张扬、富有个性，这样的“开挂”人生完全是只可远观、不可效仿的。细看他的人生，成功要诀，其一，在于自信. 埃里森经历过长期的潦倒生活，然而却一直保持着他的自信，相信自己未来一定会大有成就；其二，他与第一任妻子的分手是一个重要节点，这件事让他有了顿悟，开始思考自己的强项和弱势在哪里，以及怎样去扬长避短，知道自己需要做什么，从此告别腐化的生活方式，进行了彻底的改变；其三，他对于成功具有强烈的执念，永不满足现有的成功，要带领企业不断开拓新的疆域，要把自己的人生推向更高的阶段。正是他这些超出常人的素质，才能造就他异于常人的成功。

6. 葡萄酒界的神话：用 16 年时间跻身世界第一，它是如何做到的？

导语

一直以来，葡萄酒让人觉得是高贵和身份的象征，会品酒的人往往都是会生活的人。不少有身份有地位的富人往往都有自己的酒庄或是酒窖，收藏着珍贵稀有的葡萄酒。

而葡萄酒和其它酒一样，都是越久越醇，越久越珍贵。可现在却有这么一款葡萄酒，既非年代久远的酒，也非有名的酒庄所制作，可它却在面市短短十几年的时间里，一跃跻身于世界百强葡萄酒品牌前三甲，并创造了全球销量第一、产品回购率 67% 的业界神话。

到底是怎么样的一款葡萄酒，竟然能打败其他众多的葡萄酒品牌，在激烈的市场竞争中存活下来并跻身业界前列呢？下面，笔者就带你去一探究竟吧！

成立 16 年，创全球销量第一奇迹

这款葡萄酒是澳大利亚的黄尾葡萄酒。黄尾葡萄酒，出产于澳大利亚新南威尔士州的柯斯拉酒庄，由卡塞拉创建，是澳大利亚葡萄酒历史上最成功的品牌之一。

澳大利亚是以蹦蹦跳跳的袋鼠著称的国家，所以黄尾葡萄酒的创建人就用了“yellow tail”（黄尾葡萄酒）这个名字，既宣扬了民族文化，又体现出独特和有趣的特点。这款葡萄酒凭借在标签和包装上使用抢眼的袋鼠形象，对比鲜明的黑黄色相间反衬出葡萄酒本身，在众多的葡萄酒品牌之中十分醒目。

2001 年，黄尾葡萄酒面市的第一年就成功销往美国 50 万箱，2007 年销量已经达到 850 万箱。这样的佳绩成为酒品销量的“奇观”。与此同时，新推出的“黄尾珍藏系列”中的 Reserve Shiraz 2005 还获得了《葡萄酒观察家》（Wine Spectator）90 分的极高评价！

黄尾葡萄酒虽然产自澳大利亚，但其主要的销售地是美国，其在美国市场中是销量最大的外国葡萄酒产品。据报道：“黄尾酒也许是澳大利亚葡萄酒品牌当中唯一一个销量达到百万箱的葡萄酒，也是美国市场中外国葡萄酒品牌中销量第一的，但很多澳大利亚人可能从来没有听说过黄尾。卡塞拉家族 2 年前开始在新南威尔士酝酿营生，黄尾葡萄酒成为澳大利亚葡萄酒史上最成功的出口葡萄酒品牌。”

到底是什么原因让黄尾葡萄酒在面市短短的 16 年时间里，一跃跻身于世界百强葡萄酒品牌的前三甲，并创造了全球销量第一、产品回购率 67% 的业界神话呢？

不做小资的葡萄酒，要做大众的葡萄酒

在最初的产品设想上，卡塞拉想既然做不了尊贵的葡萄酒（因为葡萄酒都是越老越名贵），走不了小资的小众高端路线，那就做大众的、老少皆宜的葡萄酒。

他的品牌战略在一开始就与对手截然不同，因此，一片广阔的蓝海就这样被发现了。卡塞拉酒业不是把黄尾作为一种葡萄酒推出，而是作为老少咸宜的大众饮品。

无论是喝惯啤酒、鸡尾酒或是喜欢其它非酒精饮料的人，绝大多数都能接受黄尾。这样，由于黄尾葡萄酒面对的消费者群体极其广泛，在短短两年里，这种有趣的社交型饮料——黄尾作为澳大利亚和美国葡萄酒行业历史上发展最快的品牌，超越了法国和意大利的葡萄酒，成为美国市场进口酒的头牌。

截至 2003 年 8 月，黄尾在 750 毫升装的红酒中销量第一，超过了加州的各个品牌。截至 2003 年上半年，黄尾的平均年销售量达到 45 亿箱。在全球葡萄酒供应量过剩的情况下，黄尾酒厂必须加班加点才能满足销售的需求。

另外，黄尾葡萄酒从来不从竞争对手那里抢生意，而是通过扩大消费者市场来扩大自己的生意。黄尾将原来不消费葡萄酒的顾客——那些啤酒、鸡尾酒的消费者悉数引进了葡萄酒市场。

另外一些偶尔在餐桌上才喝葡萄酒的人也开始更频繁地饮用黄尾葡萄酒，那些习惯喝经济类葡萄酒的人以及喝高档葡萄酒的人都汇聚过来，成为黄尾的顾客。黄尾葡萄酒机智地把握了市场定位，成功地突破了葡萄酒市场小众化的局限，把葡萄酒真正推向了大众。

不做广告，亲和营销

黄尾葡萄酒在刚开始进入美国市场的时候，既不办促销活动，也不在传媒上和消费者间做广告，却一举超过了那些大牌竞争对手。随着销售的不断猛增、市场的不断扩大，模仿者越来越多。

传统葡萄酒种类繁多，一般消费者往往不知如何选择。黄尾葡萄酒便大幅减少了葡萄酒的种类，只推出红及白两种，并在瓶子上贴上醒目、简单的标签，消费者非常容易决定购买哪一种。

在营销上，黄尾葡萄酒也极具亲和力，它打破了一般葡萄酒的营销定位。传统的葡萄酒只注重把品牌建设和其历史、荣誉相关联，但黄尾葡萄酒在品牌营销上却只强调其来自一个有趣、友好的国家，并以此作为产品的营销定位。

它在品牌的营销推广上采用了非常有趣、极具亲和力的方式，能够拉近与普通大众的距离，赢得他们的喜爱。

从黄尾葡萄酒的商标设计、产品包装到产品推广上，都由堪培拉的一个品牌设计公司设计，产品包装上抢眼可爱的袋鼠形象一直被消费者津津乐道，也改变了葡萄酒品牌一贯高冷的形象，让它亲和力满满。

这种亲和的营销方式和包装形象，让黄尾葡萄酒大受年轻人的欢迎，不做广告，也能轻轻松松地完爆其他同类葡萄酒品牌！

凭借个性的包装形象、亲和的营销推广方式以及大众口味的葡萄酒品牌定位，黄尾葡萄酒已经成功销往50个国家，年销量达1200万箱，连续7年被评为最受消费者喜爱的葡萄酒，产品风靡世界各地。

谁说现在的传统行业已经没有发展制胜的机会，这样想你就大错特错了。只要你善于抓住市场的空缺点，并且寻求最有市场和发展潜力的消费人群，明确自己的品牌定位，并找准营销方式，成功最后一定可以手到擒来！

商业汇评

面市短短十几年的时间里，一跃跻身于世界百强葡萄酒品牌前三甲，黄尾葡萄酒的经历告诉我们，在看似红海的传统市场，取得生存空间并非不可能，而且一样可以致胜。重点是在于开辟新的市场而非抢占市场，通过创新来挖掘新的消费者而不是与其它已经在行业扎根多年的公司争夺既有消费者。另外，黄尾葡萄酒的做法也符合当下高档奢侈品走向大众化、平民化的新思路，创造能够适应大众口味的产品。

还有，黄尾葡萄酒的产品及营销定位非常符合面向大众消费者的定位，对于大众来说，最好的方式是简单而醒目。

7. 这家与Facebook合作的中国互联网公司将颠覆世界互联网！你信吗？

导语

猎豹移动，这个名字或许对大家来说都有些陌生，可在国外却负有盛名，它与Facebook、Google频频合作，是估值极高的互联网公司！

猎豹的CEO傅盛曾是小米总裁雷军极为看好的人。6年前，傅盛创业时，雷军就说，你要做一个10亿美元的公司。

雷军曾在一次金山员工大会上评价，傅盛是一个有决心、有毅力和有能力的人。他说，他见过不少有能力的人，但是真正有决心和毅力的，真正有创业精神的，只有傅盛一个。

确实在傅盛的带领下，猎豹移动正如豹子般飞速发展。

2014年5月8日，傅盛带领猎豹移动成功登陆纽交所挂牌上市；

2014年8月3日，猎豹移动公司市值达到28.65亿美元；

2015年，猎豹市值一度接近50亿美元。

傅盛指出，猎豹的发展思路是：先全球化再本地化，先建立一个高点，再俯冲。他坚持市场以欧美发达国家为主，不是从东南亚、印度开始。要建立制高点，俯冲而下、顺势而为。今天的猎豹移动已变成全球重要的移动广告网络商。

在世界经济走势并不十分乐观的情形下，猎豹移动发布的 2016 年第一季度财报显示，总营收达到 11.15 亿元，同比增长 63%；归属于猎豹移动股东的净利润达到 1.02 亿元，同比增长 32.6%。

猎豹移动的一款名为《钢琴块 2》的轻游戏在 144 个国家名列免费游戏榜第一，并成为 Google Play 2015 年最佳游戏。

此外，猎豹投资的一家以音乐为基础的社交类产品 Musical.ly，在美国市场表现出色，已经拥有 7000 多万的用户量。在这些产品的基础上，猎豹还推出了一系列内容社交产品及工具产品。尤其是在新闻、视频方面，猎豹一直不断推出新的内容型产品、单独的新闻 App 等。同时也在工具型产品里整合内容以及个性化新闻服务，以重构内容分发市场。

从这些数据不难看出，猎豹移动是一家极具潜力的互联网新秀公司。它正在经历从工具平台到内容生态平台的巨大转型。或许，猎豹将豹变为全新的“工具 + 内容 + 大数据 + 全球化”的移动互联网公司，其市值再翻番指日可待！

那么猎豹移动在竞争如此激烈的互联网环境下是如何获得巨大成功的呢？

与 Facebook 合作，成为异姓兄弟

目前，猎豹和 Facebook 的合作方式主要有以下三种：

（1）猎豹移动通过 Facebook 做推广，实现自身的用户获取与增长。目前猎豹移动产品在全球范围内已下载安装到 15.96 亿台移动设备中，其中 2015 年第二季度就新增了 2.56 亿台。这里面的增长，71% 来自海外。作为猎豹重要的推广合作伙伴，Facebook 自然功不可没。

（2）猎豹全面接入了 Facebook 的移动广告平台。目前，猎豹移动旗下已有 5 款应用入围 Google Play 全球应用排行榜前 40 名。这 5 款应用产品构成了强大的移动工具矩阵，确保猎豹移动可以有稳定的流量来源。而向 Facebook 输送海量流量，一方面可以流量变现，另一方面也完全可以理解为是猎豹移动对异姓大哥 Facebook 的投桃报李。

（3）猎豹收购了 Facebook 在中国大陆地区的首家广告代理商——品众互动，全面加强移动商业化能力。这件事对猎豹移动的作用有两点：一是为 Facebook 在中国的广告代理业务保驾护航，夯实了彼此的关系；二是品众互动的优质资源同时可以作用于猎豹移动自身的移动商业化变现。

猎豹移动和 Facebook 进行合作，各取所需，这为猎豹目前的自身发展，及下一步完善全球移动广告网络和帮助更多中国公司出海奠定了良好的市场基础。

内容是最好的用户粘合剂

2016 年第一季度财报显示，猎豹移动拥有全球移动端 27.62 亿的安装总

量，6.51 亿移动月度活跃用户数。

活跃用户数的上升，一方面和猎豹持续巩固工具产品竞争优势有关，另一方面和其打造各类型的内容产品密不可分。比如自从在国内版本的手机猎豹浏览器中整合了丰富的内容和个性化的新闻服务后，用户日均使用时长增长到了 27 分钟。

因而猎豹向内容平台方向转型，无疑是进一步把握通过内容黏住用户，为用户创造价值的法则。也只有通过这样的升级，才能更好挖掘猎豹全球6.5 亿用户的价值，并通过背后的大数据更好地服务用户。

形成完整的内容生态系统

经过几年的超高速发展，猎豹在工具类的产品矩阵已经齐全，有安全类产品 CM security，也有猎豹清理大师 Clean Master，还包括各种形态的工具。

这些产品为猎豹积累了惊人的用户和流量。猎豹也由此在大数据上形成了自己的一套体系。据了解，猎豹的大数据已可以通过 100 多种用户属性、10 万多个关键词来给用户画像。

同时，猎豹的全球化广告变现能力愈发成熟，不仅是 Facebook Audience Network 最重要的合作伙伴之一，还跟 20 余家全球一流移动广告平台合作。猎豹自己也推出了广告平台，并与全球 500 多家品牌建立了合作。这些使得猎豹已经形成了从流量到大数据再到广告系统的完整闭环。

在这样的基础上，猎豹投入内容平台的建设，就能进一步延展闭环系统，通过高黏合性的各种内容，让用户的价值持续放大。一方面让用户体验更多猎豹的服务，另一方面持续释放商业价值。

对资本市场来说，这是一条战略清晰的商业路径。因为有流量做底层建设，可以确保内容也能快速积累全球用户，从而形成广告价值。同时猎豹本身的广告运营能力较强，再通过大数据的应用，就能提供很好的保证效果。这样下来，猎豹建设内容的打法就可以多种多样。不仅可以开发自建，也可以成立开放式的内容平台或者内容联盟。

在互联网和移动互联网领域，目前最流行的是原生广告思路，而原生广告本质是用各种方式，包括利用大数据的手段和内容融为一体。猎豹此举相当于完善了内容生态系统。

中国内容经验可以走向海外输出

猎豹在建设内容平台过程中还有一个巨大的优势，就是依靠中国越来越红火的内容市场。

最近几年，中国的内容公司如雨后春笋一样冒出，内容方面的资深人士——前央视主播张泉灵也成为紫牛基金合伙人。在很多业内人士看来，中国内容市场的很多思路、做法实际已经做到了全球领先，从微信公众号到今日头条，到如今热门的视频直播，很多模式对国外创业者来说都可以“Copy from China”。

猎豹移动计划推出的针对网红经济的短视频聚合类平台产品，主要聚焦于短视频网红。一方面聚拢、扶持优质网红资源，另一方面为用户提供最火爆的网红短视频内容。

对猎豹来说，这是内容国际化的又一次全新尝试。类似这样的产品既可以利用猎豹流量优势进行交叉互推、快速获得用户，给予入驻网红流量支持；又可以待经验成熟后，将这个模式扩展到全球市场。

在分析人士看来，这只是内容建设方面的一类产品，在游戏、新闻内容、音乐等多个领域，都有可能做到在中国市场摸索经验，然后反向输出到海外。如果能实现这一点，猎豹移动很有可能是中国移动互联网企业中第一家实现双向国际化的企业，即通过工具类产品在海外成功，然后把相关经验引入国内；又通过内容类产品在本土成功，再次将其推向海外。

这对中国企业来说，无疑是开创了一种新的发展模式。猎豹 CEO 傅盛对此充满信心，“凭借着猎豹的专注与决心，我们有能力将猎豹打造成为一家世界级的移动互联网公司。”

商业汇评

猎豹最大的创新在于开创了一种全球路线的发展新模式——进行双向国际化，通过工具类产品在海外成功，然后把相关经验引入国内；又通过内容类产品在本土成功，并再次将其推向海外。在工具类产品上，先建立一个高点、再俯冲，以市场成熟的欧美发达国家为主、成为全球重要的移动广告网络商；并通过与 Facebook 这样的国际巨头合作，各取所需、共同发展；在内容类产品上，依靠中国越来越红火的内容市场向外拓展，通过内容来黏住用户并打造内容平台、形成完整的内容生态系统。以这样双向发力、两手运行的方式促进公司不断壮大、不断发展。

8. 这款德国旅行箱，1年能卖30亿元，它是如何做到极致的呢？

导语

旅行箱已经是现代人旅行或出差的必需品，现在有一款旅行箱的品牌，只要你一带上它，立刻就能体现自己的高品位，它就是德国旅行箱品牌Rimowa。

这款旅行箱创造出1年30亿元的销售奇迹，是各路明星的最爱。

《非诚勿扰》中的舒淇饰演的女主角就拖着这款低调奢华的箱子。

《爸爸去哪儿3》里面里的胡军和“康帅”用的也是经典银色款Rimowa。

女神志玲姐姐在《花样姐姐》里整理行李时，用的也是紫色的Rimowa。

《花儿与少年》第1季里的明星几乎人手一个。

看到这里，诸位知道这个德国旅行箱有多受明星们喜爱了吧？据说 Rimowa 旅行箱价格不菲，多数都在 4000 元以上，那么它为何能够受到如此热捧呢？它是如何做到极致的呢？

一百多年，打造出一个极致品牌

Rimowa 是历史悠久的旅行箱品牌。

1898 年，Kofferfabrik 在德国科隆建立了 Rimowa 的前身，也就是 Kofferfabrik Paul Morszeck 行李箱制造公司。在 19 世纪末，旅行箱大都采用木材制造，这家科隆工厂意识到了木质的旅行箱因为过于沉重而不方便出行携带的问题，便采用了轻巧简约的设计。

Richard Morzeck 用铝壳表皮做箱子的灵感来源于飞机制造，所有商用机的始祖——Junkers F13 是第一架用全金属打造的飞机。Richard Morzec 发现铝制的比较轻便，方便又耐用。

短短几年，Rimowa 的大型衣柜及扁平旅行箱因为其优良的品质成为了上流社会的旅行必备品。Rimowa 高级旅行箱的优秀品质及轻巧设计获得了环球旅行家的青睐。

1937 年，公司创办人的儿子 Richard Morszeck 将第一个轻便铁质扁平旅行箱推向市场。这一突破性创举顿时轰动全球，“Rimova”一名便源自这一伟大想法的创造者——Richard Morszeck 名字中两个单词各取前两位字母，再加上德语中“商标”一词 Warenzeichen 的前两位字母。

1941 年，Richard 直接把公司名称改为 RIMOWA 行李箱公司。

1950 年，首批箱面设有凹凸坑纹的铝制旅行箱成为了 Rimowa 产品无法替代的标志。这种设计轻巧与坚固并存，使 Rimowa 旅行箱成为经常穿梭于各国的旅客的必备品。

1952 年，第一个四轮 Topas 行李箱问世。

1976 年，Morszeck 再次开创先河，推出首只防水旅行箱，备受电影及电视制作人员、专业摄影师和记者的喜爱。Rimowa 防水系列能保护各类专业器材免受水、潮湿、炎热及严寒气候的影响。

2000~2006 年，Rimowa 的生产线进一步多元化，并且配备了全球顶尖的技术设备。Rimowa 从办公室座椅上获得启发，设计出了多轮系统，大大增加了旅行箱的灵活度，让沉重的旅行箱亦可自由灵活转动。

此外，Rimowa 旅行箱配备有密码锁，其双开关设计方便美国进行入境安全检查。内袋设计、转动手柄、挂衣箱，以及与德国汉莎航空和保时捷的合作等诸多特性，进一步提高了 Rimowa 的品牌地位。

2009 年底，Rimowa 又推出了世界上最轻的旅行箱，也就是 Salsa air 系列，其不可思议的轻巧设计以及个性十足的绚丽色彩令人难以忘怀。

经过一百多年历史的打磨，Rimowa 旅行箱慢慢走向极致，它是靠什么获得成功的呢？

坚硬又防水，摔不坏的箱子

Rimowa 旅行箱最大的一个特点，就是质量奇佳。如果大家经常坐飞机出差或旅游，一定会发现，在传送箱子时，工作人员通常用抛掷的方法搬运，而一般的行李箱根本禁受不住这样大幅度的抛掷和磕碰。最后拿到箱子时，你经常会发现行李箱已是伤痕累累。可是如果你用的是 Rimowa 旅行箱，那就不存在这种问题了。

极为坚硬且轻巧的质地是Rimowa旅行箱最大的特点。2000年，RIMOWA公司第三代继承人Dieter Morszeck首次将可循环再造材质聚碳酸酯引入旅行箱制造业。此材料常用于飞机仪表盘、汽车及其它交通工具的制造中，防撞效果极佳、抗冲击性能较高，即使受到强烈撞击亦可自行恢复原状。

Rimowa成为全球首个采用这种高科技材质的旅行箱制造商，再一次掀起箱包制造业的革命性浪潮，各大品牌争相效仿，纷纷推出聚碳酸酯系列，却没有一个品牌能如Rimowa一样出色。时至今日，Rimowa旅行箱依旧傲立于国际评比及各类回弹力测试的领先地位。

只要你使用了Rimowa旅行箱，你一定会欣赏它堪称完美的品质，不管怎么踢、怎么摔，甚至几个人直接坐在行李箱上，它也不会受到任何损坏。

这种极致完美的品质使它在消费者间树立了良好的口碑，在众多行李箱品牌中脱颖而出。

尊贵又有个性，拥有它你就是大牌

为什么那么多名人和明星在出行时，都喜欢使用Rimowa旅行箱呢？因为它是尊贵的象征，高昂的价格决定了它的高端定位。另外，它的设计很时尚，款式通常都是简约大方而有个性的。

因此Rimowa旅行箱一直都是明星们的出行必备道具。Rimowa旅行箱还会出现在一些大片里，最经典的就是在好莱坞大片《碟中谍4》中，汤姆·克鲁斯饰演的特工需要夺取一只承载着引爆核弹装置的银色手提箱，就用了 Rimowa。

在影片中，这只银色的箱子经历过摔打、高空坠落、激烈撞击和抢夺后依然完好无损地呈现在观众眼前，可见其绝佳的品质。

出行时拖着 Rimowa 旅行箱，再戴一副酷酷的墨镜，确实能够直接提高你的品位。

Rimowa 旅行箱让我们看到，一款产品，只要能做到极致，就能够成为一款爆品。

商业汇评

在一个细分领域成为一个巨头，就必须把产品做到极致。Rimowa 通过一百年的努力，将旅行箱的魅力发挥到了极致，在品质和设计上不断优化、升级。在其发展过程中，始终是围绕着产品的最核心价值——极为坚硬耐用进行。它采用高科技材质，以达到效果极佳的防撞效果，即使受到强烈撞击亦可自行恢复原状；而在具备坚硬特质的同时，又能具有轻巧的质地，这能够完全满足消费者对于旅行箱的基本期待。另外，它在设计上的极致使旅行箱能够成为一件“艺术品”，成为时尚的代表。而品牌的积淀和定位的坚守又为它自身的高端路线提供了保证，成为象征品位、象征地位的一个符号。Rimowa 正是在每一个细节上都力求完美、做到极致，才凭借自身的过硬实力成为行业巨头。

9. 这款让男人都愿意买单的内衣，它夺走全球61.8%女人的身体，秘密何在？

导语

不一定是最舒服的女性内衣，但绝对是众多年轻女性最渴望拥有的品牌，它就是美国最著名的女性内衣品牌——维多利亚的秘密。

维多利亚的秘密是如何在全球千千万万个内衣品牌中脱颖而出，成为全球第一大内衣品牌的呢？

1977 年，维多利亚的秘密诞生于美国旧金山；

1982 年，被 Intimate Brand 集团收购，并被打造成为美国女性梦寐以求的内衣品牌；

2003 年，全美店面超过 1000 家，净销售额高达 28 亿美元；

2014 年销售额达 72.07 亿美元，占母公司 Intimate Brand 总营业额的 2/3。

据悉，在美国 30 岁以下女性所用的胸罩中，50% 都是维多利亚的秘密。

那么维多利亚的秘密（以下简称：维秘）背后到底有什么秘密？一个内衣品牌怎么会拥有如此高的地位呢？

将性感好身材标准化的内衣

大多数的内衣牌子希望不同身材的女性都能适合他们的内衣，因此在内衣型号上，从小码到大码各个型号都一应俱全。

但维秘却不，它任性地将胸衣尺寸限定在32A—40D，用意就在于通过产品将性感身材标准化。

将性感身材标准化意味着只有性感的好身材才能塞进维秘的内衣里！而美国拥有的庞大女性超重人群并不是维秘考虑的对象。

这种选择性的歧视，激发了女性的潜在“虚荣”心理，一种“穿维秘=性感身材”的感觉油然而生，女性以拥有一件维秘内衣为荣。为了更好的让自己的身材配上维秘内衣，女性还会努力健身，以保持完美身材。

拉拢男性消费者

维秘的创立与其创始人Roy Raymond在大庭广众下给老婆买内衣，觉得颇为尴尬有关。他的初衷是为男性创造一个更舒适地为女性选购内衣的平台。所以对于男性消费者，维秘从一开始就非常重视！

“一旦有男顾客进店，我简直觉得是幸运之神来了。”一位维秘的店员这样说。

据 2013 年的一则数据显示，在维秘店内，男顾客进店比例虽然只有 3%，但成交率却高达到 90% 以上，且单笔消费金额远远高于女性。所以如何拉拢男性消费，成为一个很重要的课题。

一名维秘店员表示，男顾客不管买什么东西，总会速战速决、快速离开。这意味着比起女性顾客，让男顾客们掏钱更容易，而且花得更多。

20 年前，维秘创办了第一场内衣秀，性感诱人的模特们穿着各类内衣一起登上各大报纸的头版头条。这种被称为“性感经济”的营销活动吸引了众多男性消费群体的目光，维秘成为了那些需要给女友或者老婆购买内衣的男性顾客的头号选择。

横扫世界内衣世界，维秘内衣秀功不可没

维秘能够获得今天如此高的内衣品牌地位，还和它每年度的内衣秀分不开。

1999 年，“超级碗”职业橄榄球赛中场休息时，维秘的 26 位模特便将跑道当作 T 台秀场。那天的网络直播立刻引来 150 万人在线收看，自此维秘迅速爆红。

2002 年之后，维秘内衣秀与美国 CBS 广播公司签约了独家合作，在 180 个国家转播，并逐步实现了在社交网络上同步直播。

2014 年维秘内衣秀向 192 个国家转播，共计有 5 亿人观看。入场券要价从几百到上千欧元不等，如果要参加秀后的香槟派对，还要另行支付 1.2 万欧元。

2015 年，腾讯视频买进维秘内衣秀中国区播放版权，据说视频总播放量达到 2.2 亿人。

为什么维秘内衣秀如此受人欢迎?

原因是维秘秀不仅是一个走秀平台，更是一个内容生产平台、话题平台。

话题 1：维秘天使

维秘拒绝明星代言，坚持用自己的模特，维秘称她们为天使。天使是从每年的全球各大超模比赛中选拔出来的（淘汰率高达 90%），而选拔维秘天使本身就是一件极具吸引力的营销事件。

经过维秘选拔并培养的天使，登上维秘内衣秀舞台后，大多都会成为了超级名模。2014 年福布斯世界最赚钱模特，21 位上榜模特中只有 5 位没走过维秘的秀、或是给维秘拍过广告，足见其影响力。

话题 2：天价内衣

自 1996 年起，维秘每年都会推出一款内衣。2014 年的“皇家梦幻”镶有 4200 颗宝石，价值 1000 万美元，2015 年的 Fireworks Fantasy Bra 价值 200 万美元，包含了 18K 金、126 颗钻石和 400 余颗珍贵宝石。虽然至今一件也没卖掉过，但围观者热情不减，都想看看一件文胸到底能夸张到什么程度。

天价内衣不仅强化了消费者心中维秘的顶级品牌形象，更能博人眼球，唤起消费者对维秘秀更大的期待，引发更热烈的讨论。

话题 3：助场明星

维秘秀也会请一些明星大腕助场，许多当红艺人都出现过，作用是显而易见的。

奢华的内衣秀换来的是销售额的倍增。2014 年 2 月，维秘在波多黎各举办了首届特别泳装盛会，截至 2015 年第一季度，泳装销量暴增 10%。2015 年，维秘销售额达到了 77 亿美元，遍布全球 180 个国家，占全球 61.8% 的内衣市场份额。

直邮产品目录手册

维秘自成立之初，每年都会发布 8 期纸质产品目录手册。消费者既可以到实体店中免费领取，也可以选择直接邮寄。后来，消费者可以通过电话或传真订购产品、通过信用卡、支票、货到付款的付款方式完成购买。

1999 年，维秘开始尝试目录电子化，人们只需要在官网注册一个邮箱，就可以定期收到维秘免费发的电子产品目录，这给维秘减省了大量的成本。

2002 年，维秘开始对纸质产品目录收费，每本 3.2 美元，每年可以卖出 5 亿本，仅这一项就给维秘带来不菲收入。

转战电子商务平台

随着互联网的发展，维秘越来越重视线上发展。

1998 年，维秘投资 500 万美元建立 B2C 平台，开始尝试在线上销售。2006 年，维秘网站销售额在全美综合电子商务网站中栖身前十，2011 年更是高达 16.5 亿美元。

维秘官网也进行了升级，不再是专门针对女性的甜美设计，也充分考虑了男性顾客的审美需求。简单不失浪漫，大方不失性感。每一个产品都由超模完美演绎，没有PS，充分展现了产品的特质，引发人们购买的欲望。

店面直销

走进维秘，你会迅速被浪漫时尚的设计和员工的热情服务所感染。维秘把专卖店称成“少女的闺房”，在这样的时尚设计和极致浪漫中，女性更易产生冲动消费。

维秘服务人员在和客户交流的过程中，会了解客户的性格特点，针对性地推荐合适的内衣及相关联产品，通常顾客都要比原计划下更多的订单。

维秘要求所有服务人员都要用“维秘式浪漫主义”的措辞与客户交流，这种富有感染力的谈话技巧非常有效，许多内衣往往在话术的推动下脱销。

价格亲民，让大家买得起

如果说维秘秀，男人看的是美女，女人看的则是内衣。虽然在秀场上推出1000万美元的奢华内衣，但维秘的价格并没有像人们想象的那样让人高不可攀。在它营造的奢华梦境之下，是零售价格在50~70美金一件的平价内衣，PINK系列均价也只有30美元，并且一种款式有多种色彩选择，有甚者达到数十种花色。

如此亲民的价格，让维秘成为北美最大的女性内衣零售商。

无论从产品定位，还是营销策略看，维秘的成功在内衣界都是独一无二的。维秘赢，赢在了人性，赢在了男人都愿意为它买单，还夺走了全球61.8%女人的身体！

商业汇评

提起维多利亚的秘密，年轻男女几乎无人不知、无人不晓。一个女性内衣品牌，能够发展到这种程度的确令人惊叹。它不仅仅是在做产品，更是在围绕产品进行全方位的平台打造。首先，在产品方面是紧紧围绕着女性的特点而打造的，激发女性的"虚荣"心理，将性感好身材标准化；通过浪漫时尚的设计和员工的热情服务让专卖店变成"少女的闺房"，提高消费者的购物体验；以形式的不断创新让产品更便利地触达消费者，让其能够更好地了解、购买产品；以亲民的价格使得一款极致产品能够为大众所获得。

另外，通过维秘秀将品牌变成一个平台，不仅是走秀平台，更是话题平台、内容平台。这开创了新的商业模式，不仅有利于自身的盈利发展，也有利于品牌的营销推广，更促进了相关行业的发展。其对人性的把握堪称极致，能够取得如此成绩也不足为怪了。

10. 中日两个首富的跌宕人生！没听过他们的故事，何以谈投资？

2016年6月1日，孙正义忍痛割爱，将自己持有的价值20亿美元的阿里巴巴股票卖给阿里巴巴，软银持有股份从32%降至28%，以减轻软银的巨额债务压力。这是孙正义自16年前投资阿里巴巴以来，首次抛售中国电商巨头的股票。

孙正义的软银集团怎么会沦落到靠抛售股票来断臂求生的地步了呢？

成也萧何、败也萧何，笔者就带你来看一看孙正义这些年的起起落落吧！

孙正义的人生第一桶金：1 亿日元

孙正义是朝鲜裔的日本人，不过他一直认为自己是春秋时期兵法大师孙武的后代，他的血管里流着孙子的血液。所以，他经常阅读《孙子兵法》。

考据起来，孙正义祖籍的确是福建莆田，孙家祖先从福建莆田，经多次迁徙到了韩国。孙正义是含着金钥匙出生的富二代，他的父亲开了好多的弹子房，家境优渥。像他父亲一样，孙正义的骨子里就有商人的特性。

在日本读书到高中，孙正义感觉越过越没劲，下定决心去见识一下美国资本主义。于是 16 岁那年，他只身去美国读高中。

在大学时代，孙正义就显示出他作为企业家的特质：勤奋和坚韧。

从日本到美国求学，孙正义仅用了 3 周时间就从高二连跳数级，考入美国高校，成为一名美国大学生。1975 年 9 月，正式成为大学生时，孙正义所做的第一件事是买了一扇门，搬回房间，放在两张钢制柜子上，做成了一张特大号的书桌。大学期间，孙正义化身为“学习狂”，他像超人一样不知疲倦，平均每天只睡 3 小时，最多也不超过 5 小时。

1978 年在校期间，孙正义已经构思了世界第一台电子词典，但当时他一没本金，二没技术，根本没办法独立完成开发。于是他亲自去拜访当时还是夏普中央研究所所长、被誉为“日本电子产业之父”的佐佐木正。

当时佐佐木正说这个想法很疯狂，但欣然接受并且与孙正义一起开发出了电子词典。1979 年孙正义把这个产品卖给了夏普并且赚到了人生第一桶金：1 亿日元。再告诉大家一个惊人的事实，当时他才 21 岁。

就这样，孙正义在大学时就和同龄人拉开了差距，表现出超出常人的商业天赋。

用第一桶金创办了软银集团，走上人生巅峰

从加利福尼亚大学伯克利校毕业后，孙正义显示出他作为企业家的第二个特质：孤注一掷的雄心。

1981 年孙正义回到日本，他用第一桶金和亲戚出资的 1 亿日元，成立了日本 Unison World，即软银（Soft Bank）的前身。此后，孙正义在福冈市南部的大野成立了软银公司，从事个人电脑应用软件的流通买卖，当时的资本只有 1000 万日元。

那时公司的屋顶只是一层镀锌铁皮，屋里一个装苹果的箱子被当做演讲台，孙正义就是站在这个“讲台”上，饱含激情地对他仅有的两个员工演讲：“公司营业额 5 年要达到 100 亿日元，10 年要达到 500 亿日元。”

那两个员工以为看到了一个疯子，第二天都辞职跑了。

2004 年为了争取手机运营权，他甚至左手拿着软银的通信私营企划书，右手拿着石油和火机，站在总务省办公大楼里说，今天你不让我这个私营案通过，我立刻自焚死在这里。就这样让软银打开了通信运营商的大门。

当然，有这些还不够，让孙正义最终成为第一流企业家的特质，是敏锐。

总结创业 30 多年来的经验时，孙正义曾分享说，选择将来会成为主流的行业是关键。“选择枝叶或者夹缝可能获得一时的成功，但终归成不了气候，不能指望获得巨大的将来的成功”。

孙正义对移动互联网的见地很深刻，他很早就预见到，移动互联网将成为未来的霸主。

1988 年 7 月，孙正义建立了软银美国公司。

1996 年，美国硅谷的互联网浪潮开始兴起，孙正义向雅虎投入了 1 亿美元。雅虎上市后，孙正义仅仅抛售了 5% 的股份，就获利了 4.5 亿美元。

在美国赚到钱后，孙正义再次回到日本，成立雅虎日本公司，软银控股 51%，雅虎日本成为日本最大的搜索引擎和门户网站。

2006 年，孙正义拜见乔布斯，请求一旦在日本发售了 iPhone，请第一个让软银代理。孙正义对乔布斯说，移动通信的时代一定会到来，因此未来要想赢得大的发展机遇，要么设法收购移动公司，要么设法拿到许可证。两人最终成功达成合作！

这个身高只有 1.50 米的小个子富豪孙正义就这样走上了人生巅峰。

据报道，孙正义凭借着强大的软银集团掌握了日本 70% 的互联网经济。本人则一直被称为“日本先生 .com”。

投资马云 3500 万美元，15 年后资产翻了 4000 倍

1999 年 10 月，孙正义投资尚处于创业期的阿里巴巴 3500 万美元。2004 年 2 月，他再次投资 6000 万美元。

2003 年，盛大与韩国 Actoz 的官司打得正火热时，软银旗下的软银亚洲投资了 4000 万美元给盛大。

2008 年，孙正义再一次出手，以 3.84 亿美元的资金，获得千橡互动 40% 的股权。孙正义进军千橡互动，看中的是其公司旗下的 SNS 社区品牌，包括校内网、人人网、猫扑网、山赛开心网。

马云经常讲一个故事，“我说了 6 分钟，孙正义给我 3500 万美元。我

没想到钱来得那么轻松，他没想到我不是来向他要钱的。”1999 年，孙正义与马云第一次见面，孙正义就决定投资阿里巴巴，投资金额达 3500 万美元。

马云当时什么也没有讲清楚，只是说自己有一个梦想：阿里巴巴利用互联网改变商业与贸易，他坚信互联网能改变世界。不是商业模式、管理团队、市场机会，而是两个互联网信徒的共同信仰促成了这次合作。

15 年后，阿里集团在美国纽约证券交易所上市，成功超越了 Facebook 和 Amazon.com，史上最大的规模 IPO 诞生，总值约为 250 亿美元。孙正义 2000 年投资的 20 亿日元赚来的回报近乎 8 兆日元，手中的资产翻了快 4000 倍。

收购 Sprint！ 200 亿元的疯狂赌注，他输了

《易经》乾卦有云：亢龙有悔。

孙正义最爱干的事是冒险。对于孙正义来说，他的职业生涯起步于 30 年前西行求学美国之时。30 年后，2012 年，孙正义以收购者的身份再次回到美国，继续谱写自己冒险人生的又一乐章。

这一次的疯狂赌局是收购 Sprint。2012 年 10 月，软银宣布斥资 200 亿美元收购美国第三大运营商 Sprint，一时间震惊世界，这是日本公司有史以来规模最大的海外收购案。

以 Sprint 自身纯资本的 3 倍巨额费用去收购美国第三大通信运营商 Sprint，需要花费近 2 兆日元，这对软银财务来说极其冒险，市场正常的情况下估计也需要 20 年才能回本。况且 Sprint 连续 7 期财政赤字。这意味着公司一旦运营不好，将会面临非常大的破产风险。

但对于孙正义来说，疯狂从来都是个褒义词。孙正义在这次收购中的想法是，以规模经济保障利益，以协同效应降低成本，打造一个跨国运营商。

然而这次，上帝没有把幸运的骰子掷给孙正义。自 2013 年以来，软银一直债台高筑。在收购后，Sprint 亏损不断增加，客户不断流失，2014~2015 年，Sprint 出现 15 亿美元亏损。《巴伦周刊》报道，2016 财年 Sprint 给软银带来 56.5 亿美元的负现金流。

根据彭博统计的数据，软银已身负超过 1000 亿美元的债务。因为债务规模过于庞大，美国评级机构穆迪已把软银的长期信用评级降至垃圾级。

而因为负债过高，投资人已看淡软银的未来。2016 年 2 月，软银股价跌至自 2013 年收购 Sprint 以来的最低水平。软银目前的市值甚至低于其持有的阿里巴巴股份市值。

再恋恋不舍也没办法，孙正义最终还是选择了断臂求生，将阿里巴巴的股份卖还阿里巴巴。

他输就输在了自身过于自信，过于冒险上。而和孙正义这般光景的，还有盛大 CEO 陈天桥。

中国互联网产业最火的三家公司，被人称为“BAT”（百度、阿里巴巴和腾讯）。相比之下，曾经的中国首富陈天桥和他的盛大网络，显得黯然失色。

而陈天桥，创业仅 4 年时，就凭借盛大网络在纳斯达克上市，一举成为身家 88 亿元的超级巨富。12 年后的今天，已经很少听到关于盛大的好消息了，它似乎已从中国一线互联网公司行列中消失，只是偶尔出现高管离职、司法纠纷、盛大游戏打包卖给马云等消息时，才显示陈天桥和他的盛大还在。

《传奇》成败，一部网游支撑盛大 10 年

1999 年，26 岁的陈天桥与弟弟陈大年，在上海浦东新区科学院专家楼里的一套三室一厅的屋子里，用 50 万元创办了盛大网络。

2001 年，盛大网络正式进入互动娱乐业，而陈天桥真正的发迹是从《传奇Ⅱ》的网络游戏开始的。《传奇Ⅱ》是一种新颖的"在线角色扮演类游戏"。那年开春，韩国 Actoz 公司为它的《传奇Ⅱ》游戏寻找网络运营商。

敏感的陈天桥与 Actoz 一拍即合，以 30 万美元获取了《传奇Ⅱ》在中国的独家代理权。2001 年 11 月，《传奇Ⅱ》上线运营。

《传奇Ⅱ》游戏的"黏着性"极强。玩家投入时间、金钱在虚拟世界里一争高下，而盛大在现实世界里数着钱。1 个月后，游戏同时在线的人数迅速突破 40 万，他的投资全部收回。

2002 年，盛大收入和净利润分别达到惊人的 3.26 亿元和 1.39 亿元；2003 年收入和净利润均较上年翻了近 1 倍，分别达到了 6.33 亿元和 2.73 亿元。突然积聚的财富让陈天桥有一步登天、失去重心的感觉。

而此时，盛大的员工只有 100 人左右，但《传奇Ⅱ》带来的收入每天已经突破 100 万元。这个数字让陈天桥很是兴奋，他时常会从睡梦中惊醒。

2004 年，盛大在全球拥有 3 亿注册用户，平均每天同时在线人数 230 万人。那年 5 月 13 日，盛大网络在纳斯达克上市。在 8 月 10 日首次公布财报之后，盛大股价一路攀升至 21.22 美元。此时盛大市值已达 14.8 亿美元，成为纳斯达克市值最高的中国概念网络股。

按照持有股票的比例折算，盛大创始人陈天桥一跃成为拥有 90 亿元的年轻首富。出生于 1973 年的陈天桥，仅仅靠一家经营网络游戏的网站就创造了一个财富神话。

不过，盛大的成功始于《传奇Ⅰ》也败于《传奇Ⅰ》。没有人想到，《传奇Ⅰ》系列在接下来的10年里，一直是盛大游戏收入的主要贡献者。一个企业在10年间啃老本于一款游戏，命运也因此而走向衰颓。

2012年第二季度以来，盛大游戏的营收已经开始呈现出负增长趋势。而此时，同样在美国上市的核心业务为游戏的网易和巨人网络，均实现业绩增长。

在连续几个季度的业绩低迷后，盛大游戏单季营收首度跌出国内游戏行业前三。根据目前数据，国内游戏行业前三名分别是腾讯、网易、畅游。曾经靠网络游戏起家的盛大，被其他公司超过。

广种薄收，10年投资140多个项目

过去10年，盛大以娱乐内容为主方向，做了大量互联网和泛娱乐领域的投资，但并未形成一个以游戏为核心业务、多元投资驱动的有效增长模式。

过去10年，陈天桥致力于构建盛大集团的娱乐帝国，在影视、文学、地产等均做过大量投资，虽然抢占了先机，却没有一个发展成可以贡献稳定收入的核心业务。

原因有多种，重要一点是由于陈天桥浮躁投机心态而自毁长城。

2003年，陈天桥提出了家庭娱乐构想。2004年，盛大开始推行“盛大盒子”计划，花费了4.5亿美元。2006年被广电总局发文点名违规而终止。

盛大盒子被点名违规只是令其体面终止，主要失败原因却是自身的产品存在严重问题：成本高、价格昂贵，内容并不具备吸引力等。

2009 年盛大全资收购酷 6，当时酷 6 尚处于视频行业三甲。2010 年通过成功的资本运作，酷 6 成为国内第一家海外上市的视频网站。但 2011 年烧掉 3 亿多美元后，创始人李善友离职出走。酷 6 从曾经的行业第三下滑至行业前十。

网游传媒板块于 2007 年起航，主推盛大的广告传媒业务。但 2010 年底，网游传媒 CEO 张雨离职，盛大网游传媒板块消失。

在互联网领域，盛大著名的投资还有：2011 年投资的安智网，曾经是国内最大的 Andriod 手机软件下载服务平台之一，下载量超过 1 亿次，日均下载破百万。但不幸的是，虽然起了个大早，但却被 360 手机助手、91 助手等后来者赶上并远超。

10 年 140 多个投资项目，最终没有形成盛大创新平台体系，而沦为一个个孤立发展的棋子，被竞争对手一一赶超。

缺少耐心，企业战略摇摆不定

过去 4 年，盛大最多的新闻就是高管离职。有媒体统计，2010~2012 年 10 月的 34 个月内有 22 名高管离职。其中不乏并购企业的创始人、跟随陈天桥打天下的“老人”。

在盛大企业战略上也存在很大的问题。盛大一位资深老员工曾评论说：“老大陈天桥缺少耐心，盛大战略忽左忽右。”

他说，陈天桥昨天还在信誓旦旦未来 10 年的布局，不到半年却因为没有看到上市希望，或赢利减少而态度 180 度转弯，大幅削减其投入。昨天还是高价挖角引入的人才，明天就可能因为战略的调整而裁员走人。

创新研究院、盛大在线等核心部门人员频繁大幅变动的根本原因在于，盛大的业务缺少战略思考和布局。

10 年时间，成就了巨人网络、360、小米、京东等新崛起的互联网巨头，但这 10 年，也是投资了 140 多个项目、曾经是中国最著名的互联网公司盛大彻底失去江湖地位的 10 年。

已不再是首富的陈天桥，最近几年很少发声，但从他频频出手的战略调整和组织人员调整，人们可以看到他缺少做互联网和娱乐行业老大的持续投入。

2016 年 5 月，陈天桥入股 Lending Club 的消息在互联网金融圈引起了很大的争议。从盛大新官网的业务架构看出，盛大的主业已经转到投资领域，目前主要有文化与金融两大主营业务，已经明确形成私募股权投资、风险投资、不动产投资和基金管理四大业务体系。

事实上，入股 Lending Club 并不是盛大集团首次布局互联网金融领域。此前盛大已建立 10 亿元规模的互联网金融专项投资基金，已投资 10 余个项目，包括爱钱帮、微贷网、钱先生、保保 18、彩票宝、人际融、新外汇、钱景等。

这次陈天桥的投资是否能够成功，还是一个未知数！如果他的这笔投资依然失败，不能回本，孙正义现在负债累累的现状很有可能就是他的未来！

从软银的孙正义和盛大的陈天桥这两个大企业家的起起落落中，我们可以看到，有勇气、有野心、爱冒险的品性对于一个企业家的成功来说固然非常重要。但是，把握投资时机、看到投资背后的风险，更是企业家的功课。

商业汇评

软银的孙正义和盛大的陈天桥都是家喻户晓的人物，从他们的身上，我们可以看到一个时代的缩影，他们的身上有着当代企业家奋斗与发展的典型特质。俗话说，创业容易，守业难。互联网时代下企业家的新陈代谢更是快于从前。以前，不敢想象一个企业家，能够在短短几年，就成为全球首富；然后再过几年，又没落为不名分文。孙正义和陈天桥让我们见识了这个过程。当然，凭借其二人在商海沉浮中多年积累下来的经验和资源，其发展前途还未可知。

在一个其兴也勃、其亡也忽的时代，向前一步是幸福、退后一步是黄昏。关键处行差还是走对，靠的是企业家的战略思考和抉择。当然，有时还需要一些运气。

中篇

小而美 VS. 模式

黑天鹅时代的经典语录

★失败的路上最拥挤。

★初创公司的失败大多来自急于放大未经验证的商业模式。

★以前是大鱼吃小鱼，后来是快鱼吃慢鱼，现在是有节奏的鱼吃没节奏的鱼。

1. 美女老板创年轻人的“海底捞”，1 年销售 5000 万元！秘诀在哪里？

导语

如果你生活在天津，那么你对这家 3 年内开了 22 家分店，1 年销售额达 5000 万元的韩流火锅店一定不陌生。

“二人锅”以韩剧文化为主线，致力于打造国内第一的首尔星派火锅，并且推出“无一菜无出处”的产品线，每季换新特色与韩国同步，使其充满明星元素和新鲜感。店铺从开业以来便以其地道纯正的韩国风味、良心十足的用料、贴心任性的服务受到天津消费者的广泛好评。

极致韩流体验

有人说，二人锅是 80、90 后的海底捞。

海底捞作为火锅界的实力派网红，打拼出了自己的一片天地，靠的是极致的服务，而二人锅靠的是极致的韩流体验。

先要有一个爱韩剧的靠谱创始人

梁静是二人锅的创始人。小时候是个标准的富二代，家里拥有十几套别墅，《速度与激情》里 Paul Walker 两款跑车 Toyota Supra 和 Skyline GTR 都买过，游艇玩过，蹦极、跳伞等极限运动也都玩过。可以说富二代干过的事她都干过。

后来母亲创办的华旗遇到一些问题，梁静开始意识到自己身上的责任，之后连续几年在国外打零工，从洗碗工、洗菜工，到大堂经理，甚至是厨师都干过，干的全是蓝领的活。也正是这段经历让她学会从基层做起，踏踏实实走好每一步，因此后来做餐饮时，从原材料采购、到工厂冷库的管理，对于每个岗位她都了熟于心、得心应手。

梁静本身也是个韩国迷，喜爱韩剧。“韩剧中，男女主人公死去活来的爱情故事让我特别喜欢。另外，剧中他们也会不时在一家餐馆，吃当地的美食，聊些让人心动的话语，美食与爱情融合在一起，会显得特别温馨，Sweet。”

成立二人锅之前，创始人梁静代理过韩国的一个连锁品牌。在代理过程中，她发现每个消费者的口味不同，纯正的韩餐没有办法满足中国消费者对韩国文化的需求，而二人锅面向的 80、90 后受韩国文化影响巨大。

对一般的食客而言，去吃韩国料理意味着就是去吃烤肉，但韩国二字的吸引力并不在烤肉或者泡菜上，长腿欧巴才是全球稀有资源。

空间剧场化

要入戏，先要有场景。二人锅要的不是一张都敏俊的海报，要的是全面营造韩剧文化。

走进二人锅，你可能觉得自己穿过任意门，误入韩剧拍摄现场。店内有探照灯、跑马灯……店铺中的十几台电视不断播放韩剧的片花、照片。还有 3D 图案的背景墙，图片均为韩剧中的场景图。

为了营造韩剧的氛围，二人锅的装修每年都会更新升级，让顾客始终保持新鲜感。

服务员也要体现出韩国范。在装束上，女服务生都有萌萌的小领结、小发卡。“除了正常点菜时会说‘欢迎’、‘对不起’、‘谢谢’等之外，服务更多使用韩语。”

韩国欧巴真人上阵

店内不仅有韩语、韩剧，更是会有韩国欧巴真人出现，不时给顾客们提个神。

二人锅做活动时，会请韩国名模站在门口，吸引大量目光与相机。店内，韩国欧巴会亲自给顾客煮章鱼，然后喂到顾客嘴里。有的女粉丝甚至一天点了十几锅！

食物也是韩剧风

只有场景和活动与韩流相关是不够的。作为餐厅立身之本的食物本身也得与韩剧一脉相承，才能保证整体画风一致。

二人锅的研发总监 K. GT 是韩国人，有 12 年餐饮产品研发的经验。他的新品会跟首尔同步，也会跟上电视剧更新换代的潮流。这位研发总监研发了 4 种套餐：战斗 CP、童话 CP、职场 CP，永恒 CP。其中，永恒 CP 就源自《来自星星的你》。

如果顾客在店里点了永恒 CP，选了全智贤 + 金秀贤组合，就可通过桌上二维码，扫一扫投票支持他们。微信平台每半月会公布投票结果，如果顾客投的组合正好是第一名，便会得到打折券或者优惠。

二人锅通过对韩剧文化的打造，让消费者每次想到“二人锅”就联想到自己向往的各种美好的场景。未来，二人锅还会投入微电影拍摄，进行知名韩剧的品牌植入，邀请韩国明星代言……通过这些方式进行品牌的深度诠释。

让顾客在朋友圈爱上我

在梁静眼中，80、90 后群体爱逼格、爱自拍、享受明星感。比起产品和逼格的组合，逼格在前更能为产品集势。

二人锅的定位是“高逼格 + 极致产品”。二人锅通过明星范儿形象吸引消费者进店。只要顾客进店有了互动，再有创新有趣、而且是非常纯正韩国年轻人群口味的产品，就很容易留住顾客。

所有店面都在 shopping mall

现在年轻人一般都在 Mall 里吃饭，吃饭、逛街与电影一体化已经成为新的潮流趋势。而梁静选择把餐厅全部开在 Mall 里，直接增强吸粉能力。

跟其它 Mall 里的餐厅还有一点不同，二人锅并不计较租金成本问题，一定要选最好楼层的最好位置。

社交营销

80、90 后喜欢自拍，喜欢成为明星的感觉，也享受在很有逼格的地方成为主角的感觉。

为了让顾客们美美地自拍，二人锅设计了片场的环境与美妙的灯光。

"我们想让顾客有种明星的感觉，就好像身临其境地在剧中一样：在片场，正准备化妆，马上要拍摄了。我们的用户 70% 为女性，只要景好、光柔，这些用户大多会自拍，间接为我们做一些宣传。抓住了女性的心，也就抓住了很多男顾客。"

深谙互联网营销之道的梁静也明白，重要的是与顾客互动起来。二人锅为顾客们搭建了表演的舞台，甚至创始人梁静也亲身上阵，拍摄真人秀。很多女生看到，会拽着自己的闺蜜、男朋友，希望"跟电视上那个女 Boss 一样，在屋塔王世子的场景前 Kiss 一段"。

二人锅还带了女粉丝去韩国进行了第一季韩剧"美女 BOSS 首尔倒贴日记"的拍摄。在拍摄过程中，二人锅切中两个主题：第一，跟二人锅产品相似的韩国潮流美食探访；第二，重返知名韩剧拍摄现场，拍摄女粉丝自己的韩剧。

“美女 IP、场景感、粉丝演员，这三个元素让品牌同顾客很容易建立起强连接。然后他们发朋友圈，无形中帮我做了宣传。”

互联网餐饮

梁静说，二人锅不是传统的餐饮企业，而是一家互联网餐饮企业。“在经营中，我们会充分利用互联网，增强品牌的口碑和美誉度。”

二人锅很少在报纸和电视上做宣传，而会采用在互联网上传播有趣的文案引起顾客的共鸣。这样做成本更低，话题也更多样。而且，具有话题性的文案会引起人的好奇心从而留下深刻印象，这也是互联网品牌与消费者之间进行积极紧密互动的最大原因。

二人锅做过一个活章鱼主题的双十一火锅趴，主打其“爆款单品菜”首尔大王章鱼锅，需要在店内现场处理活章鱼。有人觉得很好，有人觉得残忍。在梁静看来，争议可以营造话题感，也是一种互动。

另外，二人锅还会自制视频节目以病毒营销的方式积极推广企业品牌；以线下餐厅为入口，结合自己的官方微信、自媒体渠道等进行售卖。

谈到二人锅未来的走向，梁静认为，餐饮还是很重要的板块，但绝对不仅仅是餐饮。“未来在餐饮的基础上，我们会打造一个韩流文化生态圈，形成一个与众不同的商业模式。同时，我们还跟挑食、百度外卖等达成合作，开发线上的销售渠道。我对我们的商业模式以及运作流程非常有信心，未来几年，我的目标是将二人锅开到 1000 家！”

商业汇评

创业成功的关键节点之一，就是对于消费者有充分的洞察。梁静作为创业者，优势之一在于自身特征也满足目标消费者画像，因此能够设身处地从消费者角度出发，提供能够最能满足消费者、给消费者带来更好体验的产品和服务，最终在中国众多的韩流火锅中脱颖而出。

梁静认识到，吸引消费者的“韩流”不仅要在食材上塑造，做到口味地道、及时更新；还要在空间上营造剧场感觉，让消费者一进店面就有代入感；在服务上也打造多个吸引消费者的亮点，比如最吸引女性消费者的“韩国长腿欧巴”；在营销上也要选择年轻消费者最为推崇、习惯的方式——通过互联网与消费者进行互动，利用顾客的力量为自己的品牌做宣传。餐饮不仅仅只是餐饮，而是一种体验与文化。现代餐饮市场红海一片，要想赢得市场空间、占得消费市场，先细分、再极致将是很重要的取胜之道。

2. 靠送外卖轻轻松松年入 6 亿元！这家餐厅为何这么牛？

导语

在酷日炎炎的夏天，南方酷暑、北方暴雨，每次一到吃饭时间，相信大家都不太愿意离开空调房跑到外面燥热的小餐馆去吃饭，点外卖成为夏日都市人们在工作日时最好的选择。

不过说到外卖要吃什么，相信大家想到这里就要皱起眉头了，黄焖鸡米饭、沙县小吃、兰州拉面这三大“中国餐饮界巨头”依然是人们点外卖的不二选择，可也有吃腻的时候。

但在日本，却有这么一款特别牛的外卖便当，能够保持 1 年 365 天不重样，它每天只提供一种便当，保证每天都给你带来全新的感受。它就是玉子屋！

玉子屋每天平均卖出 13 万份便当，它的团队只有 700 个人，却能在 1 年获得 90 亿日元（6 亿元人民币）的收入。一家专门经营外卖便当的餐饮企业是如何创造出这样的奇迹的呢？

便宜又健康的初衷，使它走向成功

玉子屋是一家面向事业单位销售便当的公司，成立于 1965 年，至今已经有 50 多年的历史了。玉子屋只是一家传统的快餐店，送餐也仅仅局限于东京及横滨地区，配送范围其实并不算是非常广泛。

这样一家做便当的外卖餐饮企业为什么能够取得日销 13 万份便当的惊人成绩呢？这与它的成立初衷有着密不可分的关系。

此前，外卖在都市人群中并不流行。在人们的印象中，外卖总是又贵又不健康，而且由于外送盒子的局限性，外卖的食物也总是特别的单调。人们点外卖，通常只是为了单纯地填饱肚子，好吃和健康在这里简直成了一种奢求。

而玉子屋看到了其中的商机，它偏不相信，外卖食品为什么就不能做得好吃、便宜又健康呢？它认为，如果精心制作，做出一份份可口、精致又健康的外卖便当，那一定会在市场上大获欢迎！

玉子屋的成立初衷就是满足商务人士“希望午饭更便宜、更好吃、更健康”的需求。而确实，玉子屋很好地解决了办公族们中午吃饭的苦恼问题，许多人并不是单纯为了点外卖而点外卖，他们真正爱上了玉子屋的便当，甚至把它当成了一种健康的生活方式。

那么玉子屋到底对这些便当施了什么样的魔法呢？它凭什么能够完爆其它大小餐厅，成为日本外卖界的“霸主”呢？

便宜又健康，每天不重样

玉子屋的外卖便当简直像是为每一个“傲娇”的白领量身定制的，它最大的特点就是 1 年 365 天，天天不重样，而且每天只提供一款。

在玉子屋点外卖，你不仅可以每天吃到款式不同的可口便当，还免除了一些选择恐惧症患者的苦恼，你根本无需纠结中午或是晚上吃什么，因为玉子屋已经为你提前决定好了。

那么玉子屋的营养午餐到底有多便宜呢？有人开玩笑说，玉子屋的一份便当就算是个路边要饭的也买得起。玉子屋的便当统一价格为 450 日元（折合人民币 23 元）。如果按日本最低工资算的话，在麦当劳餐厅端半个小时盘子或者卖 4 瓶水的收入就可以轻轻松松换得这份便当。

不过，如果你是一个人，想在家吃上玉子屋家的便当，那可就不成了，因为人家做的是规模经济。玉子屋的每一单外卖都是 10 份以上起送的，只点一份或是两三份，玉子屋是不会给你送单的。

在便当的制作上，玉子屋不仅非常注重制作环境的安全卫生，还极其注重便当制作食材的健康。它的食材通常选用的都是应季的蔬菜然后搭配上肉类，能够满足一个人一顿饭所需要的营养。

所以，在日本东京横滨一些公司里，玉子屋几乎成了他们点外卖便当的第一选择！

提高效率、把控成本，只赚 5% 的利润

每天要制作和配送 13 万份的便当，最讲究的肯定是效率了。玉子屋非常注重便当配送的效率，经过几十年的经验总结，它研究出了分组送货的配送方法。

如负责离公司较远的配送区域就由送货车先配送，而且送货车在发车

时候往往会装上比预估数量略多的便当。这样的话，如果在这块较远的区域配送完毕，在返回的途中就可以对便当不足的区域进行补充配送。

玉子屋的送货员其实也不多，只有 200 人左右。这 200 人分为 3 个区域进行配送，每个区域又分为 3 组，送货车一共是 160 辆。

经验丰富、速度快捷的送货员和较为完善的配送方法使得玉子屋拥有极高的配送效率，这也是它能够获得成功的重要因素。

另外在成本上，玉子屋也做出严格的把控。低廉的便当价格，如果承受不起高昂的原料成本、制作成本还有配送的人力成本，肯定会导致它在利润上走下坡路。于是玉子屋非常注意在细节上控制成本。

每天只提供一种菜品，也是玉子屋考虑成本的一种选择，由于可以批量采购同样的食材，又因为食材的单调可以最大程度地避免浪费，因此它的废弃率只有 0.1%，远远低于餐饮界平均 2% 的水平。

另外在便当盒上，玉子屋采用了回收饭盒并循环利用的处理方法。而且玉子屋刻意选择多使用全自动的机器设备而去减少人工成本的使用。在煮饭和清洗上，它采用的都是全自动煮饭系统和全自动清洗系统，极大地压缩了人力成本。

玉子屋从来不在广告推广上花钱，它认识到赢得消费者的满意，在消费者之间进行口碑传播就是最好的营销。因此，玉子屋特别注重配送员和顾客见面的两次机会，也就是一次送饭盒、一次收饭盒的时机。它的配送员和其他餐馆的配送员相比也更加地谦恭有礼。

回收饭盒一方面，为了更好地了解顾客的喜好和口味，他们会打开顾客的剩饭盒，认真记录剩菜的情况，从而更好地了解大部分人偏好的口味；另一方面，回收饭盒也有利于其向顾客了解第二天的订单情况。一来二去，送货员和顾客之间也就非常熟稔了，建立起了比较密切的直接联系。

在控制好较低成本的基础上，玉子屋也只赚取5%的利润，可以算是外卖界的业界良心了啊！

看了玉子屋的外卖传奇故事，是不是发现，只要肯用功、用心，行行都有新机会。

商业汇评

玉子屋成功的最大原因，在于很好地解决了“质优”与“价廉”两方面看似不可调和的矛盾。在品质方面，重视产品的丰富多样、好吃健康以及配送服务的谦和有礼；在保证品质的基础上，玉子屋采用了如下手段降低成本：第一，是在消费者定位上，玉子屋采用了规模经济的手段来降低成本，规定点外卖必须10份以上，因此其往往成为了众多公司的外卖首选；第二，在原材料成本上，由于每天只提供一种便当，这样不仅能通过大批量的采购减少购买成本，也能通过步骤的简化降低制作成本，还能有效地减少食材的消耗与浪费，另外，每天只提供一种便当能为消费者选择带来便利，而每天都不重样能够起到维护和巩固消费者的作用；第三，在制作成本上，通过各环节的管理优化与技术创新，从各个细节处着眼，降低人力等各种成本的消耗。在营销成本上，玉子屋采取了重视配送服务的策略，选取口碑营销这种效果最好的推广方式，从而大大降低了广告推广费用。综合多种手段，实现对成本的把控，从而满足了消费者“希望午饭更便宜、更好吃、更健康”的需求。

3. 你来买我就送，卖鞋慈善两不误！它是如何年入5亿、风靡好莱坞的？

相信很多人是第一次听说Toms Shoes这个品牌，它只是一家卖普通帆布鞋的公司，在国内远没有耐克、乔丹那么有名。

可是它的鞋子却火遍了整个好莱坞，时不时你就能看见大波的好莱坞明星穿着Toms Shoes的鞋子，他们可都是Toms Shoes的忠实爱好者。

为什么一双普普通通的帆布鞋能够风靡好莱坞呢？它的背后有什么故事呢？

慈善与时尚的完美结合，你买我就送

Toms Shoes成立的时间并不长，2006年才成立，由37岁的美国人布雷克·麦考斯基在加州创办。如果单单从鞋子的外观、质量上看，它只是一双双普普通通的帆布鞋。

而真正让它风靡美国、大获成功的是它奇特的商业模式。刚刚成立时，Toms Shoes 就提出“每卖出一双鞋，就会向有需要的地区捐赠一双鞋”的口号。这样“你买我送”的新颖商业模式，引起了美国《洛杉矶时报》的注意，它们将 Toms Shoes 的故事放到了报纸的头版，结果迅速走红，一天之内带来了 2200 双鞋子的订单。

这种将时尚和慈善合二为一的商业模式成功打响了其品牌知名度，并且揭起了一股慈善消费的时尚风潮，也产生了许多模仿者。

为什么 Toms Shoes 的创始人会产生这种商业模式的想法呢？这与他的一次阿根廷之旅紧密相关。布雷克·麦考斯基在阿根廷旅行期间，发现当地非常贫穷，许多儿童甚至连鞋子都穿不起。看到这些孩子们，善良的布雷克·麦考斯基顿时同情心爆棚。

于是，他不假思索，很快便成立了 Toms Shoes 的品牌，并且向顾客做出承诺，只要顾客每购买一双 Toms Shoes 布鞋，他们就会向全球需要帮助的贫困国家或地区的孩子们送出一双鞋子。

布雷克·麦考斯基所说的一切，他也确实都做到了。从 2006 年 Toms Shoes 成立到 2010 年，Toms Shoes 一共向世界贫困国家和地区的孩子们无偿捐赠了 100 万双鞋子，让许多原来没有鞋子穿的孩子们也可以拥有一双自己的帆布鞋。

有人会问 Tom Shoes 以这样的商业模式售卖鞋子真的不会亏损吗？答案是否定的。它不但没有亏损，还取得了年入 5 亿元的收益。Toms Shoes 鞋子网上售价在 50 美元左右，算是一个比较高的价格，有一定销量的支撑，它的销售收入还不错。

而且，Toms Shoes 慈善活动的开展使它在整个业界有良好的口碑，许多名人去 Toms Shoes 买鞋子已经不单单是为了买鞋子，而是为了在慈善事业中尽一份自己的力量。Toms Shoes 的品牌知名度也就这样慢慢建立起来。

不但送鞋，还带动当地经济

授人以鱼不如授人以渔，布雷克·麦考斯基在做慈善事业时，不单单给贫穷地区的孩子们送去鞋子，还直接带动了当地经济的发展。因为在给孩子们提供鞋子时，他意识到，无偿救助虽然能够短期内帮助到这些贫困地区的人们，但终究不是长久之计。

于是，除了给这些贫困地区捐赠鞋子，Toms Shoes 还为这些欠发达地区创造了大量的就业机会，并为改善当地经济环境作出努力。2013 年，Toms Shoes 在受捐地海地设立了工厂，雇佣 100 多人参与鞋子的生产制作，另外还邀请了 30 位当地艺术家为鞋子提供手绘设计。

3 年过去了，Toms Shoes 在海地的工厂继续扩张，直接带动了更多当地人就业，当地的经济发展水平也因为 Toms Shoes 的加入而得到了极大的提升。

运用社交媒体大力宣传

社交媒体的宣传是 Toms Shoes 持续增长的动力之一，它是 Toms Shoes 最好的推广手段。Toms Shoes 每年都会在社交媒体上发起一次“一天不穿鞋”

活动，这一天人们只需要将不穿鞋的图片上传到社交媒体上，然后 @Toms Shoes，就可以向贫困地区捐出一双鞋子。

截至目前，Toms Shoes 为全世界 70 多个国家的孩子捐赠鞋子的数量达到了 5000 万双以上。通过社交媒体的各种活动来与顾客互动是 Toms Shoes 一直以来的传统，它很好地利用了自己所拥有的 500 万社交媒体粉丝来进行自身品牌的推广和宣传。

有了强大的粉丝团，Toms Shoes 极大地减少了自己的广告投入费用，采用了一种新型的推广方式来进行品牌形象的传播。这样它可以把更多的资金投入到慈善活动和产品建设上。

凭借着一颗博爱之心，布雷克・麦考斯基可谓是卖鞋和做慈善两不误，一方面，赚得盆满钵满，让自己的鞋子大卖特卖；另一方面，它救济了许多贫困地区的孩子，还直接带动了贫困地区经济的发展。

而 Toms Shoes 也不仅仅局限于卖鞋，还把慈善和商业结合的产业模式很快推广到了其它项目。比如，Toms Shoes 推出了卖眼镜的项目，和卖鞋子是同样的理念，即只要卖出一副眼镜，就能够为经济条件、医疗条件相对落后的国家里的视力残障人士提供免费的医疗服务。

2014 年，Toms Shoes 又推出了卖咖啡豆的业务，每卖出一袋咖啡豆，Toms 就会相应地捐出 140 公升干净的饮用水（相当于一个人一周的饮用量），给那些比较缺水的生活在咖啡豆产地的人们使用。

现在诸如此类的商业模式也开始在其它品牌中流行，被越来越多人所推崇，有越来越多的人开始效仿 Toms Shoes 边做生意边做慈善的做法。为富也仁，达则兼济天下的观念已经慢慢渗入了当下生意人的骨髓，促使着国与国之间、洲与洲之间更加友善。

商业汇评

Toms Shoes 的做法其实是将企业自身发展与承担社会责任有效融合的典范。企业做慈善并不一定只能成为会计上的“营业外支出”，还能成为带动营收、助力自身发展的手段。

Toms Shoes“每卖出一双鞋，就会向有需要的地区捐赠一双鞋”的策略，不仅能够达成做慈善的目标，为社会做贡献，还能以其新颖的商业模式吸引市场，扩大其知名度，让社会力量能自发地为其进行品牌营销，更能赢得消费者好感与尊重，甚至变成一种慈善的符号，让人们的购买消费行为上升为一次慈善行为，也因此吸引了大量想做慈善以及想让别人知道自己在做慈善的人群。另外，因其产品中附加的慈善内涵，其定价较高也就有了充分的合理性，而致力于慈善事业的群体中很多人收入也较高，一般都能够负担这样的价格。还有，多生产一双鞋用于捐赠的制作边际成本是很低的，捐赠并没有为企业带来大的成本负担。这样的商业模式其实不仅可以在鞋上，在很多产品品类上都能够适用，为其它企业所借鉴与效仿。

4. 靠卖拉链存活百年！这家日本公司是如何创造年入 25 亿美元神话的？

导语

拉链是我们每个人在日常生活中无时无刻不接触到的东西，相信大家的衣服上、书包上、裤子上都有拉链，拉链的质量好坏也直接影响到衣物的质量好坏。

不过，通常的印象里，我们都会觉得，拉链这个东西只是其它衣物的附属品，虽然重要，但并不是首要。我们可能也从来不会想到，一家生产拉链的公司可以产生多大的经济效益。

不过，日本却有一家叫 YKK 的拉链公司颠覆了我们对传统拉链公司的想象，它仅仅依靠售卖拉链存活发展了百年，并创造出年入 25 亿美元的神话。

作为一家普通的拉链公司，YKK 到底有什么成功的秘诀呢？它又经历了怎样的发展变迁呢？

年产拉链 84 亿条，名副其实的拉链大王

YKK 的全称为 Yoshida Kogyo Kabushikigaisha。YKK 可谓是拉链行业的鼻祖，代表着行业标准，因为采用日本精良的工艺，原料和管理方法，它的价格是其它品牌拉链的 10 倍左右。而目前 YKK 仍是拉链和纽扣行业最大的市场份额拥有者。

YKK 拉链公司的年营业额达到了 25 亿美元，年产拉链 84 亿条，合计长度达 190 万千米，已经能够足足绕地球 47 圈了！

另外，YKK 生产的拉链全球市场占有率极高，占 35%，占据了日本拉链市场的 90% 和美国市场的 45%。

1934 年 1 月，YKK 创立人吉田忠雄在东京都东日本桥建立 3S 商会，开始生产和销售拉链产品。当时仅有 2 个员工，而为此，吉田忠雄还负了 2070 日元的债务，他把此后的希望都寄托在了一条小小的拉链上。

1938 年 2 月，3S 商会改名为吉田工业所，4 年后改组为吉田工业所有限公司。

1945 年 3 月，因为“二战”的原因，日本东京遭遇了突如其来的空袭，工厂全部被烧毁，所有的财富付之一炬，公司被迫暂时解散。

5 个月后，吉田收购了鱼津铁工所株式会社，并变更社名，建立了吉田工业株式会社。

1946 年 1 月，YKK 的商标被正式采用，日后闻名世界的拉链王国就此建立。吉田发现因为硬件设备跟不上，日本拉链完全跟不上美国的情况。便倡议业界一起出钱买进口机器，建立一家共同经营的公司，可却无人响应。

于是，吉田一次性花了 1200 万日元从美国进口了 4 台全自动链牙机，

要知道当时吉田公司的资本金才500万日元，这对于吉田公司来说无疑是一次极大的冒险。在这次冒险中，吉田赢得彻彻底底，拉链厂获得了极好的效益。

1959年11月，YKK在新西兰建立第一个海外当地法人，吉田不再满足于在日本国内生产，而是把目光转向了海外，他期待开辟自己“拉链王国”的新疆域。

随着日本与西欧、北美的贸易大战不断升级，他也预见到了，西欧、北美国家必然会通过提高关税来限制日本商品的进口。为了在夹缝中生存下去，他把发展海外业务的策略定为：利用当地廉价劳动力，在海外建厂生产，就地推销商品。这样一来，不仅降低了成本，还巧妙地绕过了提高关税的关口。

1986年9月，YKK的第一个铝制建材海外流水线的生产工场在印度尼西亚正式投入生产。

1994年8月，公司名称由“吉田工业株式会社”变更为“YKK株式会社”。

2002年12月，YKK在中国苏州建立第一个工机事业分公司“苏州YKK工机公司”。

随着时间的推移和战略的推广，YKK慢慢打入世界各地的拉链市场，创始人吉田忠雄也成了名副其实的拉链大王。

YKK拉链的制胜秘诀

1. 只生产最优质的拉链

YKK 拉链最大的特色就是品质优良，20 世纪生产的拉链大都是人工制作的，品质比较粗糙，而吉田忠雄认识到这个问题后，便非常努力地试图在拉链品质上进行改良。

YKK 生产的拉链坚固耐用，甚至能够经得起铁锤的打击，加上其滑润易拉，从来不会发生拉到一半卡住的情况，被市场冠以“金锤拉链”的美称。

正是因为 YKK 拉链不可代替的优良品质，定价要远远高于一般拉链，不过还是有许多同样追求品质的厂商宁愿承受高价也要选择使用高品质的 YKK 拉链。

2. 不断增强产品、技术，接受新挑战

拉链本身其实是低价值产品，但“YKK”品牌创始人吉田忠雄却完完整整地在这个行业坚持了 82 年，不管是面对经济大萧条的压力，还是厂房被炸成废墟等的恶劣情况，他都一直坚定要做好一条拉链。

自 YKK 成立起，已在拉链等商品的生产和销售方面进行了长达 75 年。目前，随着世界服装行业的消费需求多样化和商品使用周期的短期化程度日益加深，YKK 也在产品和技术上做出一些与时俱进的改善。

针对形形色色的市场需求，YKK 让市场、营销、开发和制造部门一起全力应对，并在技术上不断改良，坚持生产更优质的拉链。目前，YKK 商品在世界各地的各种使用场合都有用武之地，它们也在不断提升产品价值，挖掘新的客户需求，迎接新的挑战。

3. 坚持共享的理念

有人曾经问吉田忠雄，成功的秘诀是什么？他的回答是：“我在 17 岁念高中时读到一本书，给我印象十分深刻，便是‘除非你将你所得利益，设法与他人分享，否则你这一生不会成功’，这就是善的循环，它给了我成功。”

分享、共享的理念确实贯穿了吉田忠雄的一生。在公司内部，他准许雇员购买公司的股票，持股者每年可得 18% 的股息。在公司股份上，他从来不想要一人独大。21 世纪初，公司雇员拥有公司的股份已经超过了一半。

另外，吉田忠雄还规定公司雇员把工资及津贴的 10% 和奖金的 50% 存放在公司里，用以改善和扩大公司规模，公司每月给存款的职工以比银行定期存款利率还要高的利率支付利息。

面对消费者，吉田忠雄也贯穿了共享和信赖的理念。“即使遭受 100 亿日元的损失，我们也要维护客户对我们的信赖，由企业来承担这方面的损失。”在面对油价暴涨导致成本飙升的企业危机中，吉田选择了不涨价，从而赢得更多顾客的信任与支持。

公司员工和顾客对公司和产品的信赖推动了 YKK 在成功的路上越走越远。

五招教你辨别真假 YKK 拉链

（1）一般用真的 YKK 的衣服，做工方面比较讲究，价格也比一般的品牌贵一些。如果很便宜的衣服用 YKK，一般就是假的。

（2）好的户外服装如果用 YKK 的拉链，服装主拉链一般都是有自锁的那种，如果服装主拉链不带有自锁装置，那你就有可能买到的是假的 YKK 拉链。

（3）从工艺上来讲，真的 YKK 用料厚实、外表光滑、印字美观，字体是固定的，而假的 YKK 字体多变，且印字模糊不清。

（4）如果是真品的 YKK，除了 YKK 几个字以外，关键的部位还会有很小的 Y 或者 YKK 钢印字样，而且很规范。假的一般只有 YKK 几个字，但好的仿制品也有比较全的印字。

（5）真的尼龙的、树脂的和隐形的 YKK 拉链的齿牙从肉眼上和假的很不容易看出来，最好从拉头和拉片部分来区分。金属的齿牙区别比较大，YKK 用的是方齿，假货大部分则是圆齿。

总之，追求品质、不断追求完美和挑战的公司肯定不会差，只有获得消费者的认可和喜爱，用产品说话，才能真正成功！

商业汇评

不追求产品品类的大而全，集中于一个细分领域进行扩张，最后成为该行业的巨头甚至垄断力量也是一种商业战略，YKK 就是这种商业模式的典范。而要在一个行业做大，首要任务自然是保证产品品质，YKK 拉链因其不可代替的优良品质，被市场冠以“金锤拉链”的美称。虽定价要远远高于一般拉链，但还有许多同样追求品质的厂商宁愿承受高价也要选择使用高品质的 YKK 拉链——须知，极致也是一种重要的稀缺资源。另外，要成为该行业的领导者，就必须敢为人先。比如 1946 年，创始人吉田发现因为硬件设备跟不上，日本拉链完全跟不上美国的情况，便倡议业界一起出钱买进口机器，建立一家共同经营的公司，可却无人响应。当时公司尚处于新兴成长期间，而吉田却大手笔购买了先进设备，进行技术创新。正是因为这一看似冒险的举动，使得公司在市场竞争中迅速突围、实现爆发。在此后的公司路径中，YKK 一直坚持着不断改进产品、增强技术的战略。

5. 世界上最古老的素食餐厅：它靠什么火了100多年？

导语

随着经济发展水平的提高及生活水平的改善，不管在住宿、起居还是饮食上，人们越来越喜欢追求一些新的方式。素食这一词也变得越来越流行。

以前，在生活水平还没有那么好的年代，每顿都能吃上肉一定是老百姓的愿望，可现在，随着肥胖人群的增加，大家吃厌了大鱼大肉，反而崇尚起了素食主义。

素食主义催生了大批素食餐厅的产生，在素食餐厅，所有的食物全是由天然健康的素食制作而成，不过这对于肉食星人来说可是一种折磨。

但有一家素食餐厅，就连爱吃肉的肉食星人吃过以后也对它赞不绝口。它就是世界上最最古老的素食餐厅——Hiltl，从初创到现在，它已经走过了100多年。

到底是怎么样的一家素食餐厅，能够火了 100 多年依然受人热捧呢？它的背后到底有什么样的故事呢？

一家素食餐厅的百年历程

1898 年，这家素食餐厅诞生于瑞士名城苏黎世，它以家族名称 Hiltl 命名，当时素食还没形成什么气候，也很难找合适的厨师，餐馆经营特别困难。

1901 年，创始人 Ambrosius Hiltl 得了风湿性关节炎，为了缓解关节老病痛，他开始吃素，进一步促使了素食餐厅在食谱上的改良和发展。

1903 年，Hiltl 经营状况依然不佳，每天的营业额最低的时候甚至只有 35 法郎，不过在创始人的悉心改善下，餐厅的业务慢慢好转。尤其深受艺术家、作家、犹太教徒们欢迎。

1931 年，Hiltl 经过多次的内部装修，拥有了在当时算是非常先进的电气化厨房。

1951 年，Ambrosius Hiltl 的儿媳 Margrith Hiltl 作为瑞士的代表参加在印度新德里举行的世界素食大会，被印度的美食所折服，引进很多印度的素食菜谱。从此，印度菜等东方素食成为了 Hiltl 的招牌，这给吃惯了西餐的法国人带来全新的体验，餐厅的生意也越来越好。

1959 年，Ambrosius Hiltl 的儿子去世后，由儿媳接手 Hiltl 餐馆的管理。

1973 年 Ambrosius Hiltl 的孙子 Heinz Hiltl 继承家族事业，着手革新“单调”素食的印象，赢得了年轻人的青睐。

1990 年，Ambrosius Hiltl 的曾孙 Rolf Hiltl 也加入餐厅，负责素食餐厅对于未来趋势的研究。

1993 年，这对父子一起改造 Hiltl，推出了一楼的自助餐区，还推出了网上订餐送餐业务。

1998 年，Hiltl 餐厅走到了第 100 年，第四代 Rolf Hiltl 正式接管了餐厅。

2000 年底，Frei 兄弟的素食连锁店 Tibits 在瑞士开张，Ambrosius Hilt 与 Frei 兄弟成为合伙人，他们计划將餐厅连锁店开到伦敦去。

而后，Hiltl 不断发展，顾客数量也不断增加。

完美的就餐环境，给顾客最好的就餐体验

对于一个餐厅来说，良好的就餐环境很重要。优美、舒适的就餐环境可以直接提高顾客的就餐满意度，从而增加顾客的回头率，而差劲糟糕的就餐环境会直接影响顾客的二次光顾，口碑也会不断下降。

Hiltl 餐厅之所以能够火了 100 年，与它的创始人注重餐厅环境密切相关。

由于 Hiltl 餐厅历史久远，本身就带着极为浓郁而古典的历史气息，它在餐厅的布置上融入了几代人的心血，体现了历史沉淀。

餐厅的内部装饰十分现代雅致，褐色系为主的装潢、通透明亮的落地窗、典雅华丽的水晶灯、雅致的布艺沙发和实木桌椅，还有墙壁上一幅幅店主的心水油画，加上摩登感十足的音乐、精致的器具，给消费者带来了愉悦的体验。

顾客第一次踏入 Hiltl 餐厅，都会误认为自己前去的是一家价格不菲的精致酒店。餐厅服务员的态度极为热情友善，为顾客提供最贴心、最周全的服务。

把孩子当顾客，把顾客当家人

除了给每一个顾客提供最好的就餐环境，Hiltl 餐厅的服务品质也是绝佳的。在苏黎世，你向任何一个当地人提到这家餐厅，他们都会赞不绝口，而后满怀感情地向你说起自己孩提时代起在那儿就餐的经历。

RolfHiltl 说，Hiltl 餐厅制胜的最大秘诀之一是从顾客出生起就赢得他们的心。在 Hiltl，从来不会忽视孩子而把孩子单纯地当成大人的附属品，它会把孩子当成有思想、有主张的个体。一直以来，它都会极大程度上考虑到每一个个体的感受，完美地兼顾了不同的群体。

除了把孩子当顾客，Hiltl 还选择了把顾客当家人。把客人放在第一位一直是 Hiltl 餐厅的宗旨，Rolf Hiltl 说，“我们所做的最重要的事情就是真正倾听客人的意见和想法。我之前收到过一位客人的电子邮件，问为什么有一道菜在我们的单点菜单上能找到，但我们的自助餐里却没有，在收到邮件之后，我们很快便予以了改正。”

每一次，Rolf Hiltl 都会亲自对顾客的反馈进行回复，这在无形之中加强了一家人的感觉，也使 Hiltl 的餐厅文化中充满了浓浓的温情色彩。而这种顾客至上、把顾客放在心上的餐厅宗旨吸引了顾客们屡屡光顾。

素食并不意味着不好吃，用美味健康征服食客

一个世纪以前，不吃肉就是贫困的代名词，而素食主义者则被视为“怪胎”。而后来，素食主义虽然慢慢流行起来，但一提到素食，人们更容易联想到的就是不好吃，或者吃太多素食会导致营养不良。

而 Hiltl 要做的就是改变人们对于素食的这种刻板印象。Rolf Hiltl 说，“当人们想到素食时，他们会认为就是午餐吃一小份沙拉配上果汁。20 年来，我的目标是让午餐和晚餐的客人达到各占 50% 的均衡状态。今天我们做到了，我们努力成为了一家全天都有客人来就餐的餐厅。”

因此，在菜式上，Hiltl 餐厅做了很大的努力。Hiltl 餐厅有两层，第一层是自助餐区，第二层是单点区。

自助餐区里有 30 多种不同的菜式，分沙拉吧和印度美食吧。素食色拉、素食意面、素食甜品以及由来自世界各地大厨烹饪的各国风情料理足以让人眼花缭乱。它是按重量收费的，每 100 克大约 3.5 法郎，作为主食的面包无须过磅，可以任吃。

这个价钱在瑞士已经算是再便宜不过的了，因为在瑞士，一罐可口可乐就要 3 个法郎，而在 Hiltl 餐厅，一顿饭只需要 3.5 法郎。

在餐厅二楼，是单点区，食客可以根据菜单选择前菜、主菜、甜点、饮品等精致素食料理。另外，为顾客考虑，Hiltl 还十分贴心地在所有食物旁都标注了其是否为 vegan（净素）、辣度、有无酒精，以及有无奶酪、坚果、麸质等过敏源。

餐厅食物的食材并非都是欧洲本土出产，而是由世界各地最好的农场把应季蔬菜空运过来。

在 Hiltl 餐厅，你吃到的不仅是美味可口精致的素食，更多享受到的是健康自然的生活方式。这样的餐厅，怪不得顾客会趋之若鹜呢！

从这个火了 100 年的餐厅的经验上，你是不是有所启发？一个餐厅，不管做什么，中餐也好、西餐也好，哪怕只是素食，只要用心经营、用心对待每一位顾客，并且在菜品、菜式上不断追求创新，一定会成为一个经典的餐厅。

商业汇评

Hiltl 餐厅作为素食餐厅的鼻祖，发展 100 年仍然存活至今且大受欢迎，其发展经验无疑值得餐饮业以及其它行业的公司借鉴。

即使在现代，一提到素食，人们更容易联想到的就是不好吃，或者吃太多素食会导致营养不良，而 Hiltl 改变了人们这种对于素食单调的刻板印象，将素食变为了一种健康的生活方式。它在食材的选用、菜式的种类、口感上，力求丰富多样、健康美味，并结合东西方的特色菜品，给消费者带来与众不同的新鲜感。它将“天然健康”与“口感美味”的有效融合，成为吸引消费者的利器。

另外，对于一家餐饮公司来说，就餐环境也是一个决胜要素。从创立之初，Hiltl 就致力于打造精致愉悦的就餐环境，其历史的久远、品牌的积淀更使其具备极为浓郁而古典的历史气息，使得就餐变为一种享受。对顾客的态度也很值得我们学习，尊重顾客，不仅要体现在服务态度的热情友善、服务方式的贴心周全，把孩子当顾客、把顾客当家人，也要体现在尊重顾客的意见，对于顾客的反馈要及时回复处理并予以改进。因此，在当地人眼中，Hiltl 不仅是一家餐厅，更成为了自己成长历程中的重要记忆。

6. 世界上最牛的公厕：完爆宝马奔驰，年入3亿！它是怎么做到的？

导语

在互联网时代下，随着数字技术的发展，人们赚钱的途径和创业的模式越来越多。可你肯定不会想到，竟然会有人在打“公厕”的主意。

德国有个叫汉斯·瓦尔的人，在1990年的柏林市公共厕所经营权拍卖会上跟政府说，“你把这个厕所包给我，我就敢接，而且承诺免费提供服务”。

当时，他的竞争对手们都觉得这个人脑子有点问题，承包厕所还免费提供服务，这不明摆着是一笔吃亏的生意！

可没想到20多年过去了，瓦尔通过承包整个柏林的公厕，获得了极大的成功。2003年，瓦尔公司已经战胜宝马和奔驰公司，被评选为德国最具创意企业，到后来更是轻轻松松年入数亿欧元。

瓦尔承包的公厕到底为什么这么牛呢？它凭什么获得如此巨大的成功呢？

整个柏林的公厕全是他家的

在德国，政府对公厕的规划十分严格，而且有明确的规定：城市繁华地段每隔 500 米应有一座公厕；一般道路每隔 1000 米应建一座公厕；其它地区每平方公里要有 2 或 3 座公厕；整座城市拥有公厕率应为每 500~1000 人一座。

另外，德国的公共事业是可以承包给个人的，只要你有钱，整个城市的公交车、环保车也可以全是你的。在德国经营公共事业的企业，政府会在管理及政策上一路“开绿灯”，特别是公厕的经营。

德国政府认为，将城市的公厕事业市场化，不仅可以弥补政府资金不足，还可以加快城市建设和方便百姓。但是当时，有钱的大老板们都觉得办公厕是一个亏本生意，根本没有人愿意接这个摊子。他们甚至计算过，即使按照每人每次收费 0.5 欧元的高价格计算，1 年仅柏林一个城市就得亏损 100 万欧元。

而成功和机遇往往掌握在少数人手里，汉斯·瓦尔发现了其中的商机。1990 年，他看到柏林市公厕经营权在拍卖会上无人问津，于是果断将其拍下，承诺在缴纳少量管理费的情况下，免费为城市修建公厕，并将柏林所有公厕的经营权划入囊中。

就这样，整个柏林的公厕全部被瓦尔给承包了，他也成了名副其实的“茅厕大王”。正当其他竞争对手准备等着看他笑话时，瓦尔却让人大跌眼镜！

原来他是这样靠公厕赚钱

1. 广告接到手软，尽是苹果、香奈儿

瓦尔承包了整个柏林的公厕，当然不是自己钱太多没处花，其实他早就想好了怎样从公厕捞一笔大钱。不过，他很清楚地明白自己公司的盈利点绝对不在公厕门口那 0.5 欧元的投币口上。

由于瓦尔公司向市政府免费提供公厕设施，而且还负责公厕的设施维护和清洁。政府便把这些厕所外墙广告的经营权都让给了瓦尔公司。瓦尔当然不会放过这天赐的良机，立刻就把这些公厕的厕所外墙变成了广告墙。

低廉的广告费用和强大的传播效果吸引了不少广告商纷纷要在公厕上挂广告。广告收入变成了瓦尔公司最大的收入来源。而且别看人家只是公厕，可他承包的广告却很高端，苹果、香奈儿、诺基亚这些高大上的公司都在这里做过广告，设计外观还别有美感。

很快，瓦尔公厕这样走出柏林，在法兰克福等其它 5 个城市，获得超过几千万欧元的广告收入。

2. 高端公厕一日游，你愿意去吗?

除了广告收入，瓦尔还想方设法动小主意。确实，这家公厕公司，仅仅靠厕所外墙的广告收入，肯定无法取得多样化的持续发展。

瓦尔继续突发奇想，在用户体验方面不断创新，开发出额外的盈利点。他们很好地将公厕内部空间利用了起来，把内部的摆设和墙体也变成了广告的载体。

而考虑到德国人上厕所时有阅读的习惯，他们甚至把文学作品与广告印在手纸上。此外，瓦尔公司在其厕所内安置了公用电话，可以向通信运营商获取一定的提成。而且，瓦尔公司还机智地与周边餐饮机构进行了合作，用户如厕之后可以获得餐券，瓦尔公司还能够得到相应的返利。

除了普通的公厕，瓦尔公司还推出了高端付费版，也就是豪华升级版的公厕。这些收费的高档厕所不仅具有基本功能，还能够提供贴心的个人护理、婴儿尿布、擦拭皮鞋、后背按摩、听音乐、阅读文学作品等服务。

另外，瓦尔公司为了让厕所更具有个性化，还专门请来了意大利和日本的著名设计师，按照不同的风格和外形设计出“智慧型”、“挑战型”等类型的厕所。

看到这样的公厕服务和环境，你会忘记这是一个厕所，简直像是一个酒店啊！

高端厕所的建立不仅直接增加了公司的收入，还极大地提升了瓦尔公司厕所的总体形象，也为它打造了一个良好的品牌。造型独特、服务齐全的高端厕所慢慢地成为游客来柏林旅游的必到之处，成了柏林旅游的一道风景线。

甚至很多人去柏林，会专门去看看这个举世闻名的最牛公厕！

把厕所做成全球连锁

随着生意越来越大，瓦尔公司已经拥有了自己的清洁团队，有专门对厕所进行巡查的管理车，24 小时内，无论哪座公厕出了问题，都能得到及时处理！高效的清洁团队和整洁的厕所内部环境得到了大家的喜爱。

现在，这家公厕不仅遍布德国，还走上了国际化的道路。2009 年，瓦尔公司被全球排名第一的国际性户外媒体公司德高集团收购，之后它的业务发展愈加迅猛，目前已经在德国 60 多个城市开展了业务，还将业务拓展到了土耳其。

瓦尔公厕从此走上了跨国经营、全球连锁的道路，凭借独特的商业模式和精心的运营，当初被人小瞧的瓦尔从此走上了人生巅峰。

商业汇评

其实德国对于公共事业的政策很值得借鉴，将公共事业市场化，不仅可以弥补政府资金不足，还可以加快城市建设和方便百姓。

瓦尔承包公厕，并取得成功，则是全凭创意取胜了。毕竟在多数人的认知里，这是一项费力不讨好的买卖。瓦尔公厕彻底颠覆了人们的既有印象，通过对公厕形象的重新打造，将其变为当地的一个特色旅游产品，继而演变成可在其它地区和国家扩张发展的商业模式。这也给了我们一个启示：市场中很多看似不可能，其实存在着商业机会，这需要我们转变思路、谋求创新，对其既有内涵进行彻底重构与颠覆，也许会创造出意想不到的全新机会。

7. 1个西瓜卖4万日元！揭秘日本最贵水果店，它为何能把水果卖出珠宝范？

导语

大家平时一般都去哪里买水果呢？不同的人应该有各自不同的买水果的习惯。喜欢省钱的家庭主妇会选择在农贸市场买水果，那里水果通常便宜又新鲜，是很多小贩直接从自家果园摘来的；都市小白领就比较喜欢在连锁水果店购买水果，那里的水果品相比较高，价格比较高，质量相对也比农贸市场的好，种类也更丰富。

还有少数有一定经济实力的人，他们只选择在高档水果店或超市进口水果专区购买高档水果。那里的水果别的且不说，最突出的一个特点就只有一个字“贵”！

而在日本，有一家水果店，能真正对得起最“贵”水果店的称号。这个水果店叫千疋屋（Sembikiya），它不提供别的，只提供最最昂贵的水果！而这些最最昂贵的水果，也是最完美、最稀有的水果！

“贵”到什么程度呢？1个西瓜4万日元、1个Yubari甜瓜1.7万日元、一盒樱桃1.6万日元，就连一颗小小的葡萄都要2700日元。

不过千疋屋（Sembikiya）的水果虽然贵，可依然有不少人为它买单，并认为它所提供的水果确实对得起它的高价！这是怎么样一家神奇的水果店，让人甘心为它割肉还夸它呢？下面笔者带你走进这家日本最贵的水果店吧！

180年历史，只开11家分店

千疋屋可不是一家新开的水果店，从19世纪30年代成立至今，它已经有180多年的历史。不过为了确保分店的良好管理和每家店水果的质量，在这漫长的180多年时间里，千疋屋只开了11家分店。

1834年，千疋屋刚刚成立时，它的定位并不是什么高端水果，反而只是一家出售打折水果的店。仅仅出售打折水果很难直接给千疋屋带来足够的收入。

之后，千疋屋老板的妻子成为第二代传人，她认识到了这一点，认为可以通过提高水果的价格赚更多的钱，这样不仅可以提高水果质量，也更有利于获利，很快该店就成为了幕府大将军德川家的御用水果供应商。

而在第三代传人接掌千疋屋后，就开始经营进口海外水果，并努力改良国内水果品质。千疋屋也正式成为日本第一家水果专营店。

180多年过去了，千疋屋只生产最优质、最完美的高档水果，一共也只开了11家分店。不过，千疋屋的水果虽然价格昂贵，但水果店每天都是爆满状态，前来购买水果的人络绎不绝。

只卖最优质的，像卖珠宝一样卖水果

千疋屋的水果到底有多贵呢？大家看看价格就知道了：1 颗重 1.25 公斤的甜瓜售价 12960 日元（约合人民币 830 元），1 个四角西瓜 2.1 万日元（约合人民币 1300 元），1 盒 8 枚装的水果果冻售价 3996 日元（约合人民币 260 元），1 盒当季水果组合装又是售价数万日元（100 日元约合人民币 6.4 元，以上价格含 8% 消费税）

平时你去水果店，揣上一张 100 元人民币就可以买来一大篮子水果了，可你如果拿 100 元人民币去千疋屋，恐怕连里面的 1 颗葡萄都买不来，1 颗葡萄都要 173 元人民币。

不过如此高昂价格的水果，确实不是普通人每日可以消费地起的，除了一些富人单纯为了享受独特的尊贵感而选择在千疋屋购买日常水果。

另外，千疋屋售卖的本来就不是日常水果，而是被当成礼物的高档水果礼盒。据数据统计，千疋屋 80%~90% 的水果是被人买来当礼物赠送的。在日本，一些婚庆、商务会议场合或是医院探病等，准备高品质的水果是人们的一种习惯。

人们在买水果当做礼物的时候，自然会减少对价格的计较，而且如果价格太低，送礼的人反而觉得不能体现自己的情谊。慢慢地日本精英阶层已经习惯性地选择把千疋屋昂贵的水果当礼品，这生意自然也就越做越大。

从某种程度上来说，正是因为有了把水果当作高端礼物的市场，果农们才会想尽办法去提高水果的口感，让水果尽量达到最完美。果农也会选择进行手工授粉，果实会被放在独立的保护盒中成长。这种条件下生产出来的最完美的甜瓜甚至会放在防弹玻璃盒内的天鹅绒上展示。

2015 年，日本的 1 对夕张甜瓜以 150 万日元成交，2016 年还有 1 对甜

瓜以更高的价格300万日元成交（约合人民币20万元）

看到这里，大家是不是又肉疼了，20万人民币买一堆甜瓜，是开玩笑么？20万人民币应该把一对白玉镶金的甜瓜都能买到手了吧！

不过据说，这类甜瓜是优质品中的优质品，一棵植株上只能结一颗这样的甜瓜，它们生于精确调控的温室，还会带上防晒伤的小黑帽，受到足够且精致的培养和保护。

只是因为像精心照顾珠宝一样培植水果，才能把水果卖出珠宝一样的价格，这就是千疋屋如此高价的秘诀！

除了提供最优质的水果，千疋屋还提供最优质的服务。比如，如果你进店里买个甜瓜，店员会询问你哪一天吃它。根据你的预期，店员会向你推荐恰好到那一天味道达到极致的那一个。这绝对是其它水果店不可能提供的特殊服务，满分的服务加上满分的水果才能够得到满分的价格！

商业汇评

看看，这就是别人家的水果店，也算得上是水果店中的路易威登了。不过人家确实也值这个价，千疋屋之所以能成功，在于它的定位和价格一开始就是极为明确的，而且它提供的产品质量和产品服务也确实配得上它的高昂价格，吃过千疋屋水果的人也没有不为其水果的口感而赞叹不已的。

这也为企业带来了启示，随着消费升级，人们的消费观念发生了巨大的转变，不再单纯地追求低价，而是更加重视对品质的追求。只要把产品做到极致，能够满足消费者的需求，即使定价很高，消费者仍然愿意为之买单。

8. 打败 Zara、登录新三板！这家网店如何从 20 万元销售到年入 15 亿元？

导语

经过长期柔性供应链的积累，韩都衣舍每年开发 3 万款产品，超过 Zara 每年 22000 款的历史开发记录，位居全球第一。而这一切，靠的是 3 人小组模式（对的，就是 Uber 的打法，也是神奇的每个城市 3 人小组）。

生于 20 世纪 70 年代的赵迎光，衣着朴素，面带笑容，低调亲善，思路清晰，与一般上班族无异。

但正是这个看上去与时尚毫不沾边的低调男子和他的创业团队，在过去六七年间，以不到 20 万元起家，带领韩都衣舍成长为一个知名品牌，在国内各大综合类电子商务平台，连续三年（2012~2014 年）女装排名均在第一位，并成为 2014 年女装三冠王。

2014 年双十一，韩都衣舍集团总销售额 2.79 亿元，超出第二名优衣库近一倍（1.07 亿元），全年总销售额达 15.7 亿元。赵迎光还是微博大V，拥有粉丝160万之众，他的微信朋友圈也数以万计。

这家起家于淘宝的网货品牌，当年只有20万元销售额，如今每年15亿元收入，成功秘诀是什么？韩都衣舍都做对了什么？

人才是最重要的核心竞争力

韩都在2011年3月份拿了IDG第一笔1000万美元的投资，之后，他们制订了一个策略，就是培养自己的人才。因为中国的电商并没有什么电商人才，而一些大学教授的电子商务太过陈旧和老套，根本没用。因此，赵迎光认为，如果将来想有竞争力的话，就必须建立自己的人才培养体系，所以他每年都会把净利润拿出来，用在人才的培养上。

不过投资人曾经质疑韩都的这个策略，认为这个策略终究还是存在一些问题。挣了钱都用来加新人了，如果你不加新人，你真的能赚钱吗？为了给投资人信心，2012年韩都基本上没有加新人，那年他们的销售额翻了一倍。而税负提高了将近13个点。在这之后投资人就不再说什么了。

倒三角管理的“小组制”

传统企业的管理结构是从上到下，从老板到高管到中层再到最基层的员工，这种是正三角模式。

而韩都尝试的是一种倒三角模式去管理，即以小组制为核心的单品全程运营体系。这个里面核心的是产品小组，有三个人，三个人是基于产品的研发、销售，他们三个人完全在管理，然后其他的所有公共部门为他们提供支持。所有的小组，放在最上面，所有底下的公共部门给他们做支持。

赵迎光说，当时在设计小组制的时候他有五点考虑：第一个是尽量实现全员参与的经营；第二个是精细核算到每个员工；第三个是高度透明的经营；第四个是自上而下和自下而上的结合；第五个是希望培养企业更多的领导人，领导和非领导非常重要的差别是决策力，有决策力算是领导人，有执行力是偏员工和管理层。

责、权、利——小组制的根本

小组制最重要的就是明确责、权、利。

第一就是责任，领导人每年都会跟每一个小组，在 10 月份的时候制定出第二年的生产计划和销售计划。领导人会跟每一个小组去谈，询问下一年三个人打算完成多少销售额，里面的毛利率希望多少，库存周转多少，然后就会定下来，这就是责任。

第二权利是什么？第一是款式，打算要上市的款式，由小组里面的三个人自己去商量。第二是款式的几个颜色，几个尺码，每个颜色和尺码的库存他们三个人自己定。第三是价格，是他们三个商量而定，公司只是提供一个最低价标准，最低不能低于多少，不能低的太不象话。

第三是利益，就是奖金怎么算。非常简单，奖金 = 销售额 × 毛利率 × 提成系数。所以每个小组，基本上每天都可以算出来会赚多少钱。所以他的利润，他的奖金不是由公司来决定的，是自己干出来，自己算出来的。

这就是责、权、利的全部内涵。

有淘汰才有进步

韩都衣舍成立以来没有设计淘汰机制，但它的淘汰却是另一种方式的淘汰。

因为他们的小组是自动化更新的。每天早上 10 点钟就会公布昨天的销售排名，比如这个品牌有 20 个小组，每天早上就公布昨天销售的排名。这个机制的设计和微信打飞机看排名是一样的，每天排名的话，每天小组会受到一个强刺激，非常强的刺激。

第一名就会很兴奋，然后他要维持第一的排名，第二名说我只要一努力就可能超越第一名，他也很兴奋，一天到晚琢磨怎么超越第一名。倒数第一想努力一点超过一名是一名，不能老垫底。每一个小组为了名次靠前一步很努力，没有加班制度，都自己加班，这是一个效果。

第二个小组的奖金是由组长决定怎么分配的，这个月两万元奖金组长会怎么分？会自己留一万元，两个组员五千元，经过一两年之后这两个组员不愿意跟组长干了，因为永远受你的剥削，经过一两年我也成熟了，能不能出去自立门户。

做的差的小组，这个组长只拿了两千元钱的提成，一般自己不要钱，两个组员一千元钱，符合人性，觉得对不起兄弟们，别人拿两万元，自己拿两千元，不好意思拿这个钱。

问题是拿一千元钱的组员怎么想？你这个组长太笨了，我跟你才拿一千元，也不愿意跟你干。所以允许一人小组的存在，如果不想跟谁干第一时间可以提出来不和他干了，就出去，他如果找不到搭档的时候，先以一人小组存在，一个人先干所有的事。这样很多人就分裂，一人一个小组太累了，就会自然找帮手然后成立一个新的小组，一直持续这种过程，分裂和组合是常态。

不过公司规定，如果离开原来的组长，你一年之内提成的 10%，财务会自动发工资到原组长的名下，这个是辛苦费，离开的人也会理直气壮一点，我虽然走了，公司把我的奖金分 10% 给你，也不欠你的。

组长也比较好，剥削你两年不好意思继续剥削你，你就出去挣钱，给我交点份子钱，继续剥削新人，新人也不会觉得怎么样。不断往复这样一个过程，这就是小组的生态圈。

没有 KPI 怎么高效率

许多公司的财务部、人力资源部，不管怎么设计 KPI，怎么设计效率，随着公司的扩大，都会越来越差，这也是许多公司老板的基本感受。

但韩都衣舍却不一样，举一个很简单的例子，一个公司，派一个司机去拉货，而正常拉一趟货比如需要两个小时的时间，但司机很有可能趁机在路上偷个懒或做一些其他的私事。

但在韩都，这种事情根本不可能发生。因为每一个小组都是在给自己干，小组和小组之间的竞争也是非常激烈的。所以当这个司机要拉货的时候，第一，这个小组的负责人，一般会打个招呼，让他快点拉回来，这样就可以早点入库、早点质检和销售，小组的排名可能往上一点。

第二个如果拉晚了，拉两个半小时到仓库，这个小组长就会投诉他。韩都有很充分的投诉机制，公司有一个专门的运营管理组，只要其他小组有不满，就可以直接投诉到运营管理组，马上开始追究，为什么两个小时之内没有拉回来，导致什么结果？在运营管理组的监管下，很少有人会选择偷懒而得罪小组里的人。

小组制为什么易模仿难成功?

小组制虽然好，容易模仿却难成功。难点就在于大部分的公司，特别是服装企业，是控制型管理，就是老板和管理层高高在上，底下去执行。

韩都强调服务性管理，不要去控制，而要去做好服务。决策权不在领导，而在每个小组手上。一个公司的老板到底能不能放权？放权的这种度到底能做到多大？这是比较难的地方，很多老板在这块上缺乏足够的耐心。

在传统企业里面，老板就是超人，但是为什么老板决策能力强？是因为他身上堆了太多的钱，用钱买回来的失败。如果你想把这个经验放到员工身上，你就要让员工去犯错，犯错就需要成本，包括资金成本和时间成本，很多领导者没有这个耐心。同时，不愿意放权，就是控制员工，让员工飞不了。

从做品牌到做平台

到了今天，韩都衣舍做的已经不是一个服装品牌了，它实际上是做了一个平台。

赵迎光说，韩都的投资人当时在投资的时候很纠结，说赵迎光是做时尚品牌的，但这个人怎么看都跟时尚没有关系。但我说我做的是平台，投资人就可以理解了。

在整个投资的过程中，有几个重要的时间节点：2010 年韩都是十大网货品牌，那一年，韩都在淘系里的规模已经不小了。IDG 投资的时候，说不管做得好不好，已经做到这样的规模，虽然看不透、理解不了，也没有太大的期望，但反正就投了。投了之后，到 2012 年、2013 年，直至 2014 年，韩都都是平台销量最大的，不管天猫还是唯品会，韩都都是女装类目里的第一名。韩都 2014 年 4 月签了韩国全智贤做品牌代言人。

和整个公司的“单品全程运营体系”配套，韩都衣舍的愿景是：成为具有全球最有影响力的时尚品牌孵化平台。这是因为互联网存在着这种可能性，并且是在中国，如果不是在中国，这种可能性也会小很多。

凭借着强大的互联网思维，巧妙的倒三角小组制，和不做品牌做平台的思想，赵迎光带领着韩都衣舍从当年的一家小小网店发展到现在这样一个年入 20 亿元的极具影响力的公司。这里面的管理方式和发展模式是很多服装公司或其它公司都值得借鉴的。

商业汇评

创新可分为技术创新、管理创新和战略创新，对于传统的服装行业而言，后两者尤其重要。好的管理模式，应当拥有合理的组织架构、人才培养机制、薪酬设计体系、员工激励制度，韩都衣舍在这些方面的设计值得参考与借鉴。激发员工的积极性，让每一个员工都能成为管理者，互相监督、互相激励，这种自运转的体系无论从管理效果还是管理效率上，都比只由领导一人拉动的传统管理要好得多。

另外，服装行业竞争已经如此激烈，创业者本人如果没有独特的嗅觉，很难在这一领域取得成功，但平台的打法和品牌完全不一样，能够容纳多个品牌。事实证明，韩都衣舍这套完全颠覆传统服装销售模式的打法在商业上取得了成功，2012~2015 年连续 4 年拿下销售冠军，在 2016 年又有国际化动作频频，先后出现在米兰国际时装周、首尔时装周等，这让我们看到了其目标“打造亚洲时尚界的顶尖智慧”的实现可能。

9. 从100美元起家到18个月赚了500万元！这个全职妈妈有何秘诀？

导语

平时一提到全职妈妈，大家的第一反应就是家庭主妇。全职妈妈的日常也就是在家做家务、看小孩、烧菜等，这样日复一日的寻常生活容易让人觉得无趣。

不过谁说全职妈妈没有自己的人生追求和目标？美国就有一位叫Amy Cazin的全职妈妈，用自己的行动颠覆了人们惯常的想象。

她是一个极其有想法的人，在当了20多年的全职妈妈之后，不甘心让自己一直这样，灵机一动便用100美元启动了一家个人护用品公司。当时她的丈夫和亲戚好友还以为她无聊玩玩，也没有多在意。

没想到在18个月后，这个100美元起家的公司销售额竟然已经超过了80万美元，甚至还引起了沃尔玛的注意。Amy Cazin的收入从此远远超过了她的丈夫，这一切令她的亲戚朋友们大吃一惊。

那么 Amy Cazin 是怎么创造这一奇迹的呢？这家护用品公司的成功又有什么秘诀呢？

为了女儿，生产纯天然的护用产品

Amy Cazin 创办的公司名叫 Primal Pit Paste，是一家专门生产经营天然护用产品的公司。而 Amy Cazin 为什么要创办这么一家公司呢？原来起因是为了女儿能够用上最天然的护肤美容产品！

Cazin 发现，目前市面上虽然有各种品牌的护用产品，但都是工业化、标准化统一加工生产的，由于加工过程的污染和原材料的不纯正，市面上大部分的个人护用产品（特别是体香剂）中含有的铝及对羟基苯甲酸酯类成分可能会导致乳腺癌。

Amy Cazin 第一直觉想到自己的女儿还使用着这些市面上可能对身体有害的体香剂，为了让自己女儿使用上更安全健康和天然的体香剂，她开始试图寻找是否有天然的替代品可以代替。可是天然产品确实不是那么好找的，于是 Amy Cazin 便决定自己研制最健康天然的体香剂以及相关的护用产品。

对此，Cazin 说："我去了商店，发现几乎所有的止汗露中都含有有害成分，于是自己开始研制。"她仔细地在网上搜索了体香剂的研制成分，而后在自家厨房倒腾制作了体香剂，先是给自己的女儿还有家人朋友试用，结果大家反响都很好。

于是，Amy Cazin 便开始出售多余的产品，她说："一个月之后，有零售商打电话给我说，产品很火爆，问我还有没有多余的货。"天然健康的体香剂很快得到了消费者的好感和认可。

就这样，Amy Cazin 决心专门从事个人贴身护用品的研制和生产。

拒绝与沃尔玛合作，不需要解释

在研究体香剂的基础上，Amy Cazin 很快研制出了一系列相关的个人护用产品，并且在销量和受欢迎度上呈现出直线上升的状态。很显然，这种纯天然、无危害、极其健康的护用品比起那些所谓大牌的护用品来说更受消费者的追捧和喜爱。

沃尔玛也看到了 Primal Pit Paste 公司的成长，提出要与 Amy Cazin 进行合作，让她为沃尔玛提供相应的护用产品。沃尔玛对一个刚刚成长起来的护用公司伸出橄榄枝，这可以说是没有先例的。显然，沃尔玛对 Primal Pit Paste 公司所生产研制的产品极为看好和信任。

可谁也没有想到，Amy Cazin 竟然毫不犹豫，直接拒绝了沃尔玛想要销售其发明研制的天然体香剂产品的请求。她说，"人很容易被好机会诱惑，因为毕竟这是个扩大品牌意识的好机会。公司启动后半年内沃尔玛曾打电话过来，当时我不在，况且我也没准备好大规模供应产品，我知道当时的公司不具备那样的规模。"

面对沃尔玛伸出的橄榄枝，Amy Cazin 极为理性地看待公司目前的生产规模和发展现状。另外，她也意识到，沃尔玛想要与她进行合作当然也是有"企图"的，它们急需把这些产品直接转化为销售额和利润，沃尔玛在合作的过程中必定要从利润中瓜分一部分。

Primal Pit Paste 公司才刚刚起步，无法接受这种规模化的生产，如果要为沃尔玛提供大批量的体香剂可能会使得产品的质量得不到良好的保证。另外，公司也不愿意拿自身的核心价值去做交换的筹码。

权衡之后，Amy Cazin 选择了放弃与沃尔玛的合作。而之后 Primal Pit Paste 公司所创造出的良好业绩和声誉也证实了当时 Amy Cazin 的抉择确实是明智的。

今天很黑暗，明天很黑暗，但后天很美好

Amy Cazin 在创办 Primal Pit Paste 公司的过程中也并非一帆风顺，每个公司成功的背后都暗含着他人所不知道的心酸故事。

在 Primal Pit Paste 公司的规模化生产中，Amy Cazin 遇到了许多个大大小小的难题。其中就包括州的监管规范，对于护用产品的生产，佛罗里达州有比较严格的限制，于是她被迫把公司搬迁到了德克萨斯州。她说："某种意义上，这算是一次失败，但事实上却是这促使我们取得更大的成功。"

确实，今天很黑暗，明天很黑暗，但后天很美好。黎明之前的天空总是黑暗的，如果你不能从失败和困境中走出来，那你将永远陷入失败之中，如果你能够坚持不懈、永不言败，那总有一天你会获得成功。

现在，Primal Pit Paste 公司成立已有 4 年，在公司成立刚刚 18 个月时，就获得了 80 万美元（近 500 万元人民币）的巨额收入。Amy Cazin 自己也没有想到，凭借着 100 美元和当时最简单的初衷，竟然能够把 Primal Pit Paste 公司经营得风生水起。

Cazin表示，到现在，公司已经研制并销售了超过75种不同的产品。成功的关键在于出售自己的品牌故事、保持激情，还有就是要跟着感觉走。虽然Primal Pit Paste公司并不是走规模生产的路线，但它的产品已经可以在美国全食超市（美国最大的天然食品和有机食品零售商）买到。

她还表示："销售额每年都在翻倍，而且未来还有望继续增长，我们的忠实粉丝目前近8万人，自己的网站及亚马逊上收到了上千条4星和5星的好评。"Primal Pit Paste公司一片光明。

商业汇评

一个普通的全职妈妈，居然能白手起家创业并取得一定成绩，这无疑是一个奇迹。创始人的创业初衷是非常能打动人心的——为了女儿能够用上最天然的护肤美容产品，而这也是天下母亲的共同愿望。

也正是这样的品牌故事，使得消费者对其产生信任感，对于天然的共同追求促使消费者弃选大牌产品而选PrimalPit Paste公司。另外，她拒绝与沃尔玛合作是一项非常明智的决定，这也是创业者容易遇到的问题。当公司还不具有足够的实力，不能适应规模化生产时，盲目地进行规模扩张势必会影响产品品质，从而使得公司核心竞争力下降，并带来消费者体验的下降，公司就很容易走向败落。

10. 山寨版“QQ”为何能估值38亿美元？这个美国大叔是怎么做到的？

导语

大家现在都还用QQ吗？相信听到这个问题，许多人都会直接摇摇头。用QQ？那不是OUT了吗？现在只用QQ来发文件、发邮件，如果是聊天和刷动态，宁愿选择上微信。

相信大部分人都会做出以上这样的回答。确实，QQ在10年前非常火爆，可是随着微信的出现，QQ慢慢地隐退在众多的社交软件里。至于对QQ未来发展前途是否看好，大家多持一种否定的态度。

可最近却有一个奇特的美国大叔，却靠着山寨版“QQ”火了一把，通过一款模仿QQ的社交产品，成功逆袭并登上了《福布斯》封面。看到这里，是不是觉得自己错失了一次走上人生巅峰的机会，是不是后悔当初没有抱着山寨版的小企鹅QQ去美利坚发家致富。

不过，这位美国大叔到底是怎样通过山寨版“QQ”而获得成功的呢？这到底是一款怎么样的社交产品呢？它为何如此受到美国人民的欢迎呢？

Slack——山寨版“QQ”也能这么火

这个美国大叔叫巴特菲尔德，是一个企业家，2004 年正式上线的图片共享网站 Flickr 就是由他和妻子共同创立的。后来，他从 Flicker 离开，创办了一款线上游戏 Glitch。

在筹备 Glitch 的时候，他逐步开发出一款通信工具，并且不断的向里面添加存档、检索等功能。很快，这款通信工具在他们公司内部已经取代了平常大家一贯使用的电子邮件。

而在之后，Glitch 失利，巴特菲尔德便带领整个公司集中精力推广新的通信工具，并将其命名为 Slack。很快，2013 年 8 月，Slack 发布。Slack 是一种把聊天群组、大规模工具集成、文件整合、统一搜索等功能都结合起来的通信工具。

到了 2014 年底，Slack 已经整合了电子邮件、短信、GoogleDrives、Twitter、GitHub 等 65 种工具和服务，它可以很好地把各种碎片化的企业沟通和协作集中到一起。

结果，巴特菲尔德自己也没有想到，这个被当做公司内部使用的通信工具 Slack 竟然取得如此迅猛的发展，刚刚创办不就，每天就有超过 30 万用户在线使用 Slack，其付费用户突破了 73000 个。

2014 年初，巴特菲尔德的公司连续拿到了两次融资，第一次是 4000 多万美元，第二次是 1.2 亿美元，Slack 的估值也飙升到了 11.2 亿美元，这对于一家刚刚成立，只是作为通讯交流业务的公司来说是一笔惊人的数字。Slack 也成为了有史以来发展最快的 SaaS（企业级服务）公司。

2015 年 2 月，Slack 企业聊天工具成立 1 周年，它的日活跃用户已经达到了 50 万人，除了活跃用户基数庞大，每日增加的用户数也非常惊人。2015 年前 6 周的 Slack 用户的增幅就已经高达 35%（至少增加 13 万人），用户发送的聊天信息统计共达 17 亿条。

而 Slack 的生命力明显远远超过了想象，这个通信工具依然处在一个高速发展的状态之中。

Slack 和 QQ，到底有多像？

Slack 和 QQ 有极大的相似之处，首先体现在它的群组聊天功能上，公司在使用群组聊天的功能时，会根据不同的项目和部门创建聊天室，另外，它不把这个聊天室叫做“群组”，而是起名叫做“频道”。

除了这些比较公开的聊天室，公司内部的团队还可以根据各自的需要建立单独的私密聊天室。在私密聊天室，只有收到邀请的人员才能参与进来。

而 QQ 里所具有的 @ 群里所有人的功能，Slack 也拥有，只不过人们在选择 @ 所有人时，需要再摁一次确认键。

Slack 模仿 QQ 最显著的要点之一，是显示是否在线，当你在线时，你名字的左边的那个小圆圈会变成绿色。

不过 Slack 和 QQ 也存在一定的差异，在 QQ 只要你不删除聊天记录，就可以查找到所有的聊天记录或是漫游记录，但 Slack 却把这个当成了一个商机，如果你不选择付费，你就看不到 10000 条之前的信息。很少有人有耐心把 10000 条之前的信息拿出来翻看吧，所以就算你不选择付费也不会影响你对这款软件的使用，而这也正是 Slack 的精明之处。

而对于每个用户，Slack 还制定了对应的等级，每个用户每月分别有免费、6 美元、12 美元等多种选择方案，而不同等级的用户享受的是不同的服务。

截至 2016 年 5 月，Slack 的日活跃用户已经达到 300 万，付费用户达 93 万，虽然 QQ 在中国已经显示出疲软之势，但 Slack 目前以及未来都将在收益上表现出极为可观的态势。

Slack 为什么会如此受欢迎？

成立时间不长，这个酷似 QQ 的工具——Slack 为何会受到如此热捧呢？如果对使用 Slack 的用户进行采访，他们或许会给出以下 3 个理由。

第一个理由是 Slack 可以取代邮件。许多用户在使用了 Slack 后，都表示自己使用邮件来发送文件的数量已经直接减少了 50%。传统的邮箱在给人们带来方便的同时也极大地干扰了人们的正常生活，当你打开邮箱时，收到更多的并不是来自家人、朋友或是同事的邮件，而是一些广告公司、社交媒体或是系统垃圾邮件。而 Slack 的出现则直接避免了这一问题的产生。

第二个理由是 Slack 可以促进公司内部各部门之间的交流。前面提到过 Slack 的聊天室和私密聊天室直接把整个单位或企业里的各部门的人都集结在了一起。通过聊天室，你可以向你的 Boss 发送阶段性报告，Boss 也可以监督你的工作，各部门之间可以更好地协作和互动。

第三个理由是 Slack 可以将公司内所有进行着的交流记录都表现为数字化的知识体系。在没有 Slack 之前，人们通过邮件来发送接收信息，而且一个人还不仅仅拥有一个邮箱。在日后你需要去查找之前的工作记录时，会茫然失措，根本不知道在哪个邮箱寻找，这些零碎分散的信息直接影响了你的工作效率。

但 Slack 的出现将你之前所发送的任何信息都集合在了一起，包含你之前曾经收到过的链接和重要文件，或者是某人曾经和你提起的一些资源。你只要通过在 Slack 一键搜索，就可以查找到出现过的任何记录。

正因为以上三点，Slack 在市场上大受欢迎，QQ 在中国的热度减退，而山寨版“QQ”却在美国取得了成功。

商业汇评

一款好的通信工具或是社交软件，如果想要得到人们的认可，那就一定要从用户最根本的需求出发。用户想要从你的产品中获得什么，你就要用事实说话，因为一个产品体验好不好最终是用户说了算。

Slack 正是紧紧围绕着公司内部使用的通信工具这一产品定义展开，针对需求打造功能，而这对于中国新兴社交软件的开发也有一定的启示。再讲一句题外话，很多外国人都说中国是“山寨王国”，但看看这个案例，美国不一样也有山寨货吗？事实证明，好的商业模式是跨国界的。换个角度想，被人“山寨”，其实是说明了这种商业模式具有竞争优势。

下篇

误区 VS. 人性

黑天鹅时代的经典语录

★ 你看见坟墓，我却看见鲜花。

★ 永远不要与趋势为敌。

★ 创业是一场与自己的和解。

1. 曾超麦当劳，却在1年关了877家店！赛百味这回真的要倒了吗？

导语

提到洋快餐，我们通常都会想到麦当劳、肯德基、必胜客等等，这些洋快餐可以说是席卷了中国所有的一线、二线城市，街头巷尾、大小商场无处不见他们的踪迹。

而专门制作和兜售三明治的赛百味（Subway）相信大家也都是耳熟能详。赛百味餐厅也曾非常火热，甚至一度超过麦当劳，成为快餐业的巨无霸。

可就在2015年5月，赛百味宣布，它们已经连续两年巨大亏损。这家以店多为豪的快餐巨头，却在2015年惨败，新开了911家店，却关了877家，几乎没有任何盈利。

那么，赛百味餐厅到底经历了什么呢？是什么原因造成他们这样的“人间惨剧”呢？

赛百味——最爱开分店的洋快餐店

弗雷德·德卢卡是“Subway”三明治和沙拉店的创始人之一，当时他还是一名 17 岁的高中毕业生。高中毕业的他并没有什么钱，在那时，给他提供第一桶金的巴克博士出现了。

巴克博士曾在缅因州老家见过一家生意兴旺的三明治店，他觉得这种生意可以为这个热情洋溢的学生打下创业基础。1965 年 8 月，弗雷德向巴克博士借了 1000 美元，在康涅狄格州的布里波特办起了第一家小店，出售新鲜的三明治。

第一家店的火热程度完全超出了创始人的想象，于是，弗雷德很快打算开出第二家分店。直到 2007 年，赛百味已经成为全球第三大速食餐厅，仅次于百胜（34000 家分店）和麦当劳（31000 家分店）。

而 4 年后，也就是 2011 年 3 月，其已经超越百胜及麦当劳，成为全球最多分店的快餐店，有 34218 家分店。赛百味这家主要兜卖三明治和沙拉的快餐店成为世界上扩张最快及最大单一品牌连锁店。

和任何一个快餐品牌相比，赛百味的扩张速度和店面数量都是无与伦比的。初期的迅速扩张确实促使其在快餐界市场上占据了极大的优势，但在后期由于其产品缺乏创新等种种原因，赛百味便开始走下坡路。

惨烈关店数百家竟是这几个原因

这两年，赛百味餐厅的经营状况出现了极其严重的发展态势。

2014 年，赛百味在美国的销售额减少 3%，约为 4 亿美元，其排名也在

7 年来首次跌到第三。

2015 年其收入减少了 4.3%，连续第二年下滑。一直以开店速度著称的赛百味，2015 年一共新开了 911 家店，但却关闭了 877 家，仅净增 34 家，盈利非常地微薄。

到底是什么原因使所向无敌的赛百味陷入了困境呢？

1. 忽视消费观念的变化，产品缺乏创新

一直以来，赛百味以"新鲜"和"健康"这两个噱头标榜自己，而且陷入了固定思维之中。赛百味从来没有意识到随着时代的发展变化，人们的消费观念早就发生了变化，"新鲜"和"健康"不再是最重要的标榜和产品特质。

因此，赛百味一直号召和宣传的"吃得新鲜"已然无法动摇消费者对于其它连锁餐厅强调多样、美味的配料的向往了，曾经大受顾客欢迎的"潜水艇三明治"也慢慢失去其独特的吸引力。

赛百味的健康概念其实也是一种伪健康，现在对健康的定义和对餐饮的需求都在急速改变着。赛百味说自己低卡，但对于什么是健康，早已不以卡路里的指标高低为标准。健康意味着本土食材、有机食材、非转基因食材还有异域的元素和现场加工的新鲜感觉，赛百味摊在眼前的食材更像是无聊的学生食堂。

而且现在的顾客口味愈来愈刁钻，越来越注重餐厅的"独特"和"好吃"。在这种情况下，美国三明治界的新生力量——Jersey Mike's，Jimmy John's，Firehouse 等做到了提供现点现做、价格和品质更高的三明治，很快完爆了赛百味。

Jersey Mike's 的全年店均销售额已经可以达到 67 万美元，Jimmy John's 则是 90 万美元，而赛百味在店铺面积是这些新品牌 10 倍的前提下，销售额甚至不到50万美元。

因此我们可以看到，忽视消费观念的变化和缺乏创新的产品直接促使了赛百味销量的急剧下降。

2. 开店成瘾，仍不清醒

前面我们可以看到，在扩张速度和数量上，赛百味是快餐界里任何餐厅都无法比拟的。

赛百味的创始人弗雷德·德卢卡在生前就一直崇尚“大干快上”的宗旨，在当年借钱开了第一家门店之后，他就说想再多开32家连锁；而等开到200多家了，他还不满足，说开5000家也是小case；一直到2010年，赛百味的店铺数量已经超过了麦当劳，他却说：“一家真正的大型快餐公司怎么着也应该具备开到10万家店的能力。”

弗雷德·德卢卡单纯地认为只要扩张足够快、只要覆盖面积足够广，那么赛百味一定能够很快占领所有的消费市场，到达最大的消费人群。可是，在这一点上，他错了。

极低的连锁店加入门槛，带来的直接问题就是对加盟店的培训力度不够和管理者素质的参差不齐。另外，赛百味在地理位置上虽然实现了全覆盖，但却并没有从产品上真正赢得消费者的心。产品的“质”做得不到位，消费者照样不会为你买单。长久以往，你投入开店的钱越来越多，但能够获利的却越来越少，这也直接促使了店的倒闭和亏损。

3. 反应呆滞——过迟进入数字时代

很早之前，肯德基、麦当劳、必胜客等快餐早已推出了线上线下营销和售卖，而赛百味在这点上确实异常地迟缓，直到2016年6月，赛百味才想起来，原来我们已经进入了数字时代。

之后，他们宣布成立名为Subway Digital Group的新部门。这个150人的部门会集中关注移动端 APP、外送服务等别家公司都已经远远走在前方的领域。而赛百味的订餐 APP 在 2015 年才得以上线，整整比其他快餐店慢了好几年。

过迟进入数字时代，意味着赛百味的大批潜在顾客早已被线上销售极其成熟的麦当劳和肯德基给抢走了。这个时候再进入数字时代，显然已经太迟了。

由此可见，赛百味的衰败并不是一天两天造成的，“金字塔不是一天造成的”，一家店从兴盛到毁灭也是从细节中一点点走上下坡路的。因此，大公司一定要时刻警惕产品的革新换代以及公司内部经营理念的随机应变，不然很有可能，你的公司就成为下一个赛百味！

商业汇评

餐饮巨头赛百味的衰败，我们有如下三点需要警示：

第一，不能忽视创新。企业必须要有自己主打的品牌理念，但随着时代发展，根据消费者观念和市场情况的变化相应地丰富自己的品牌内涵。赛百味推崇新鲜和健康，但并不能就因此忽视对产品种类与形式的创新，固步自封、自我设限，让自己原来的优势转变为限制自我发展的瓶颈。

第二，不能忽视品质。企业在发展过程中，很容易陷入重视数量上的盲目扩张，而忽视内部质量跟进的误区。须知，地理上的全面覆盖并不意味着市场份额的抢占增长。规模扩张的“大干快上”很可能会带来产品品质、经营体系、管理素质等难以及时跟进。

第三，不能忽视技术。在一个技术进步空前迅速的时代，无论哪个行业、哪个领域的企业都应当及时跟进先进技术的发展，须知技术创新已成为现代企业成功的重要要素之一。而赛百味，对于互联网技术的采用竟然远落后于竞争企业，这无疑是经营方面的致命缺陷，非但不能拓展新市场，既有消费者也会被线上销售成熟的竞争企业抢走。

2. 曾引领安卓、IOS 大战，如今业绩只有苹果 1/40，只因公司太“耿直”了？

导语

几年前，当人们选手机时，HTC 是一个足够让人自豪的品牌。许多人的第一部手机也许就是 HTC 的。

而今，身边再没有人用 HTC，也不再有人提起 HTC，HTC 去哪了呢？

今不如昔，消费者没有想到，作为 HTC 创始人的王雪红更没有想到，这家拥有 19 年历史的公司，前 14 年不断攀升顶峰，后 5 年则走向了似乎无法挽回的颓势。

王雪红与 HTC

王雪红是“台湾经营之神”王永庆的女儿。她 30 岁时创立威盛电子，短短 10 年时间，将其发展成仅次于英特尔的全球第二大芯片公司，她本人成为台湾女企业家中的首富，也成为了台湾创业偶像。

1997 年，台湾电脑工程师卓火土和周永明决定创业，做当时还没有的掌上电脑（俗称 PDA）。

他们有人、有技术，就是没有钱。于是他们找到了一时风头无二的王雪红。

他们一拍即合，于 1997 年联合创立了 HTC，从 PDA 市场的代工获得突破，迅速成为 PDA 领域的代工之王，HP 和 Dell 成了他们的最大客户。

HTC 还与系统供应商微软建立起深度合作，2002 年，HTC 与微软联合推出具有通话功能的 PDA 产品 XDA，即“智能手机”的雏形，比苹果推出 iPhone 早了整整 5 年！

HTC 向欧洲电信运营商英国 O2 和法国 Orange 推荐 XDA，市场效果超乎想象，XDA 将用户的月平均话费提升了 300%，无线上网、邮件、多媒体都成了新的利润点。

尝到甜头的欧洲电信运营商就像发现新大陆一样，排着队向 HTC 下订单。而这种模式不久又被复制到了美国，效果同样明显。

就这样，HTC 成为智能手机第一波浪潮的大赢家，迅速依靠电信运营商打开了欧美市场。

做自己的品牌，走上巅峰

智能手机产业不断崛起，各路资本、各个品牌、各家代工商纷纷涌入市场，而激烈的竞争导致利润下滑，首当其冲的便是代工商。

要掌握利润分配权，摆脱被动挨打局面，就必须创立自己的品牌。最后由王雪红敲定路线，做自己的品牌。

独立的 HTC 将自己的伙伴变成了敌人，但挨过了那段最难熬的日子，HTC 成功搭上了第二波手机转型为智能机的浪潮。

2007 年，IT 界的先驱人物乔布斯发布了苹果一代 iPhone，开始了功能机向智能机的转换的革命热潮，而有丰富经验、技术先进的 HTC 是当时唯一可以和苹果一争高下的企业。

苹果的 IOS 颠覆了用户体验，作为对抗，2007 年 11 月，谷歌推出了 Android（安卓）操作系统。HTC 加入阵营，参加由 Google 主导 34 家公司携手创建的“开放手机联盟”（Open Handset Alliance）与 Qualcomm、T-Mobile 和 Motorola 等厂商携手发展 Android 行为平台。

随后，HTC 与电信运营商 T-Mobile 联合推出全球第一款 Android 手机——T-Mobile G1，获得成功，成为了当时第一个与苹果 iphone 抗衡的安卓系统手机品牌。

HTC Diamond，搭载微软 WM 系统，以造型惊艳著称。

HTC Hero，搭载 Android 系统，推出多点触控功能，在体验上完胜塞班系统和 WM 系统，成为与 iPhone 齐名的高端机。

HTC 创新不断，其中最后一款手机将 HTC 推向了行业的巅峰。

截至 2011 年，HTC 占全球智能手机出货总量 9.1%，销售量达到了 4300 万部。在美国市场上，HTC 超越了曾经的手机巨头诺基亚，与苹果平分秋色，出货量甚至一度超越苹果。

其股价于当年 4 月飙涨至 1300 元新台币，公司市值高达 319 亿美元（折合 2060 亿元人民币）。

专利大劫

似乎应了“盛极必衰”一词，这个前进了14年的巨头从巅峰走向了衰落，而转折点似乎就是接连不断的专利战争。

HTC内部传出有信心超越苹果的言论，但苹果用一场不彻底的专利官司将HTC打得万劫不复，而三星成为了背后的赢家。

2011年12月19日，应苹果公司之起诉，美国国际贸易委员会裁决HTC部分手机产品侵犯苹果专利权，禁止其相关产品在美国销售，自2012年4月19日起执行。

禁售令直接冲击了HTC的业绩，就在这个当口，三星发布了面向中高端市场的Galaxy系列，快速抢占了HTC释放的市场。

这个时候苹果就不高兴了。它虽然也是“禁售令”的受益者，却不愿看到三星捡漏。于是又在2012年11月与HTC和解，撤销了之前所有的专利诉讼，并与HTC签订了为期10年的专利交叉授权协议。

然而，HTC在美国市场的好日子再也没有回来。

欧洲的战况是美国的复制版，只不过对手换成了诺基亚。2013年4月，HTC新产品HTC One在荷兰遭禁售；10月，部分机型在英国遭禁售；2014年初，部分机型又在德国遭禁售，全都是因为“侵犯了诺基亚的相关专利”。

这些专利官司打下来，HTC的全球市场份额从2011年的21%迅速滑落至2013年第一季度的2.5%，到第二季度更是跌出了“全球十大智能手机榜”。

HTC就此跌落云端，盛景不再。

专利战是偶然，“耿直”才是失败必然

若说专利战是身处风口浪尖，无可回避，那么错失中国大陆市场，以及一系列后期的策略失误则是导致 HTC 没有乘上大船的失败必然。什么原因？太“耿直”了！

耿直 1：坚持做高端，不做中低端

手机市场，品牌迭出，诸多卖点，摄影、美颜、听歌……

这么多年过去了，智能手机市场还有自己的发展潜力，更何况是当初，但 HTC 始终没有成功融入这股历史大潮。

欧美市场遇冷时，HTC 决心打入中国市场。那时，HTC 在中国有相当高的知名度。

小米兴起不久，华为也没有如今这样的风头，中国的中低档智能机市场可以说潜力广大。而且在 2500~3000 元、以及 3000 元以上的价位，国产手机在很长一段时间里想攻克都未获成功。HTC 完全具备这个资格，但 HTC 却始终没有关注这个区间。

毕竟是超越过苹果的元老级企业，有自己的骄傲。它和自己较上劲了，一心和苹果、三星争夺高端市场。

但 HTC 给自己选的对手太强大，一个是技术领先的革命者，另一个是商业运营的典范级企业，虽然 HTC 一直在硬撑，但高端市场并没有扩大多少，中端和中低端市场的机会也错过了。而华为、小米、VIVO、OPPO、魅族等众多国内手机企业正是在这一市场崛起，达到了几千万的量级，然后再进行产品的不断升级，冲击高价位。

耿直 2：我技术很好，但我不说

虽然 HTC 推出了全球第一台智能手机，但走的始终是代工模式，销售主要也是通信运营商渠道，对于社会大众的品牌影响力较弱，HTC 全球第一款安卓机就是和通信运营商一起推出的。

做代工，主要的业务能力聚焦在设计和生产上，而转型做品牌运营商后，要顾及的不仅是产品、生产环节，更是价格、推广和渠道的工作。

HTC 的技术和设计都是毋庸置疑的，在业内以品质著称。它先后有多款产品获得国际的众多大奖和一片赞誉。无论是 HTC ONEx，还是 NEW HTCone，都获得了极高的赞誉，且极有原创风格。

而在营销方面，HTC 一向秉持谦逊不语。HTC 的产品获得诸多奖项，但很少看到 HTC 传播自己的好消息，而这些都是对提升 HTC 品牌美誉度很有帮助的，也可以转移负面热点。

HTC 不说的结果就是，HTC 正面的传播消息很少，HTC 销量份额下滑，陷入亏损等的负面消息始终占据人们的脑海。

酒香不怕巷子深的道理似乎已经在“注意力经济”大行其道的今天失效了。

耿直 3：低估技术吸引力、高估品牌影响力

起初，王雪红原以为做自己的品牌会是艰辛的，但没想到 HTC 的产品一炮打响，越走越好。

但这不是 HTC 品牌的力量，这些单子都是 HTC 靠自己的硬实力，真刀真枪干出来的。

HTC 看上去拥有自己的品牌，但实际上仍然是一个代工商。欧美电信

运营商选择由它代工，也不是因为它的品牌，而是因为它的产能、技术和态度比其他代工商的要强。市场反馈太过热情，让王雪红高估了 HTC 品牌的号召力。

低估技术吸引力、高估品牌影响力的直接后果是，HTC 并没有将主要精力放在建立渠道，加固营销短板，或是开辟中国大陆等后发市场上，而是一门心思地打造比肩苹果、叫板三星的高端品牌。

HTC 是一个硬件厂商，其系统一直搭载微软或安卓的，发力就只能在硬件上。硬件上的 PK 导致制造成本上升，也带来附属问题，例如金属机身意味着手机容易过热。

此外，它也没有明确的品牌与产品定位，而是用“机海战术”。HTC 的产品节奏太快了，以致消费者都对不上号，每个产品周期都不足以传达给他们足够的品牌影响力。

由于机型太多，每款机型的配件都无法达到足以降低成本的数量，而这又将 HTC 的价格架在了“高端”。

当 HTC 失去了品牌吸引力，热门不再，成本高、价格高、利润低，运营商渠道也想抛弃它的时候，没有自己独立的渠道就无处立足了。

高层级竞争

HTC 的品质没有拯救它下滑的业绩。

2015 年全年 HTC 累计营收额为 1216.84 亿元新台币（约为 240.7 亿元人民币），而苹果营收 2337 亿美元（超过 1.5 万亿元人民币），其中手机业务占比超过 65%，营收接近 1 万亿美元，HTC 手机的营收已不到苹果的

1/40。而当年 HTC 可是一度在美国市场超越苹果，不分伯仲！2011 年，HTC 巅峰时期市值高达 335 亿美元（超过 2000 亿元人民币），如今最低时市值仅为 20 亿美元，仅为巅峰时期的 6%。

但王雪红显然想到了一鸣惊人的招。

手机市场，各个品牌打得火热，HTC 却借着最近的热点 VR 技术再度出现在人们的视野。2016 年 2 月，HTC 发布了首款虚拟现实产品——HTC Vive。这款 VR 产品，达到了业内顶级水平，展现了 HTC 不俗的技术实力。HTC 不仅没有放弃高端市场，还闯进了 VR 这项高端技术的高端市场。虽然比 Facebook 旗下的 Oculus Rift 还贵 200 美元，但它的功能也更强大，基本消除了眩晕感，允许用户在较大空间内活动，而且可以通过控制手柄，操控所看到的东西。

这是否意味着 HTC 产品业务的转向，能够带技术不凡的 HTC 走出泥淖呢？期待这样一个“耿直”企业的新未来。

商业汇评

HTC 的颓势令人扼腕叹息，毕竟作为一度超过苹果的品牌，曾经是民族企业的代表。但是 HTC 在以下方面的缺位，导致了其由盛转衰。

（1）没有及时调整战略。HTC 一门心思地打造比肩苹果、叫板三星的高端品牌，与他们争夺高端市场。而这两家企业一个是技术领先的革命者，一个是商业运营的典范级企业，HTC 其实是和自己在较劲、一直在硬撑，高端市场并没有扩大多少，中端和中低端市场的机会也错过，给了 OPPO、小米等竞争者后发机会。

（2）没有重视宣传营销。“酒好不怕巷子深”的时代早已过去，在竞争者众多、市场竞争激烈的现代，信息不对称情况严重，消费者实际上很难掌握行业具体情况。而企业要做的，就是把自己的优势、特色准确地传达给目标受众。

（3）没有把握市场重点。HTC 的发力方向始终选择在硬件方面，导致了制造成本的上升，而产品的更迭过快不仅使得成本无法摊薄，更使其未能在消费者心中留下一个明确的产品定位与品牌印象。

3. 从市值28亿元到连亏6年！国货日化第一品牌将何去何从？

导语

作为中国日化第一股，索芙特是中国洗面奶唯一驰名商标，市值一度超过28亿元。它研发出的世界上第一块海藻减肥香皂，塑造了木瓜美容护肤品第一品牌，创造出“10块香皂换1台索尼电视机”的神话。

可从2010年开始，索芙特化妆品出现持续6年巨亏后，这个神话开始在分崩离析中逐渐消亡。此间，索芙特进行了三次产业重组，均以失败而告终。“索芙特”这3个字，即将从昔日传奇陨落成为不复存在的过去时吗？

昔日传奇，今日陨落

2016年5月2日，索芙特发布公告，“索芙特股份有限公司”正式更名为“天夏智慧城市科技股份有限公司”，公司股票简称变更为“天夏智慧”。

5 月 4 日，“天夏智慧”公告表示，公司战略将全面发展智慧城市。换而言之，这表明索芙特很有可能全面放弃曾经的核心业务——日化化妆品。而在未来，索芙特日化板块的业绩将不再出现在上市公司的年报中。

从过去以日化化妆品发家致富到现在摒弃这一核心业务，“索芙特”今日陨落。

三次失败重组

作为曾经国内上市第一股的日化巨头，索芙特为何沦落到如此地步？

“其主要原因是索芙特公司轻研发，产品单一，最终被市场所取代，虽然其间曾两次出售子公司，但这似乎并没有让索芙特看清局势，无法重回此前的辉煌。”有知情人士透露说。

凭借 20 世纪 90 年代初销售爆款的原始积累，索芙特在 2001 年借壳上市，并在 2004 年正式更名为“索芙特股份有限公司”，成为中国日化第一股。2006 年，索芙特迎来了业绩巅峰，公司年销售收入高达 12.57 亿元。

然而随着索芙特对新产品的开发后期没能跟上，很快在激烈竞争中失去优势，业绩飞流直下。据当时的数据显示，索芙特自 2010 年出现亏损，2012 年 4 月因连续 2 年亏损而遭遇退市警告。虽然其间索芙特转让了广西松本清化妆品连锁有限公司和出售保健品子公司股权，似乎并没有让索芙特走出困境。

其间索芙特公司进行了三次重组。

2011 年，索芙特紧跟文化产业浪潮的热点，欲将广西索芙特科技公司卖给广西日报传媒集团，却因政府不下批文而宣告失败。

2013年，旅游热又触动了索芙特的重组嗅觉。重振旗鼓的索芙特，试图收购“印象·刘三姐”主营方桂林广维文华旅游文化产业有限公司100%股权。2个月后，索芙特的二度跨界因为“印象·刘三姐”的股权被质押而被迫终止。

2014年，越挫越勇的索芙特跨界到家居建材，准备购买汤始公司和建华管桩集团持有的境内管桩业务。5个月后，索芙特再度以乙方的角色，被拒之门外。

三次重组，索芙特的业务出现本末倒置，都以失败告终。

公司业务未完成良性转化、投资者怨声载道、公司股票持续停牌、过期产品频频曝光……公司形势在重组失败后反倒愈加严峻！

迫于内部资金、媒体、投资人、股民等多重尴尬，索芙特无奈之下，开始了子公司大甩卖，减去亏损负担。从历年亏损数据可以看出，这是索芙特所做的唯一正确决定。

而这三次重组失败的原因主要归结于以下三点：一是作为买壳身份的索芙特，没有话语权；二是作为“中国日化第一股”的索芙特遇到产品在市场遇阻时，它不思虑如何利用自身优势突破瓶颈，而选择一无所知的产业进行拓展，很明显是在以己之短攻彼之长；三则是在业务重组的时机上发生了偏失。

这注定了它在一次次重组后愈来愈潦倒，最后败得彻彻底底！

跨界收购，险象环生

在经历了三次失败的重组后，索芙特选择将企业核心业务一刀斩断，嫁接新的业务，跨界收购了天夏科技。

2015年1月，索芙特收购了天夏科技100%的股权。11月，索芙特正式获准收购天夏科技，高调宣布进军智慧城市业务。2016 年索芙特宣布更名为“天夏智慧”。

从“索芙特”到“天夏智慧”，它真的可以重整旗鼓、从此高枕无忧、走上康庄大道了吗？也许答案并不这么乐观。

首先，智慧城市在中国局面混乱。这个概念首次提出后，就出现投资过热的局面，而投资家盲目投资导致的结果，则是企业、政府对智慧城市的认识、重视一片混乱。另外，国家层面对智慧城市的统筹力度依然不足，这导致了真正的实行很难落地开展，而这则意味着是给索芙特的具体实施造成了无限长时间的延期搁置。

其次，是索芙特的招牌问题。如果索芙特斩断之前的化妆品业务，将核心业务放在智慧城市上，那么“索芙特”这块招牌，无疑会慢慢淡出消费者的视野，甚至消失。而“天夏智慧”这块招牌若要做大做强，绝非“索芙特”那么简单。因此，如若它的新招牌做不起来，而老招牌又丢失了，就真是赔了夫人又折兵！

索芙特经历了三次失败的重组后，此次又走向跨界收购，可以说是临死前的奋力一搏！如若它能在这种境遇下成功，那可以说是万中之幸。而如若它这次依然没有逃过失败的“魔咒”，那也是情理之中了！

而像索芙特一样，失败的国产日化品牌不在少数！为什么国产日化品牌都难以逃脱惨败的“魔咒”呢？

定位不明，诉求未能入心

国内日化品牌常犯的一个错误是一味求全，定位泛化。以洗发水为例，这是一个功能细分非常细致的产品品类，消费者已经被教育得极为成熟，会针对不同品牌的功能诉求进行消费选择。

而宝洁公司在洗发品牌的塑造上可以称得上是经典。海飞丝主打去屑，飘柔主打柔顺，伊卡璐主打天然，潘婷主打修护，沙宣主打沙龙级美发、定型……这些品牌，就像一张巨网，严严实实地覆盖了消费者对于洗发的各类需求。

反观国内的洗发品牌，鲜少有品牌进行如此精准的消费者需求定位。例如，拉芳的品牌定位是："拉芳，创造中国秀发之美"。消费者乍一听，像那么一回事，但再一想，啥是中国秀发之美？针对消费者需求的定位并不明确。2008 年拉芳同时启用刘烨、赵薇、杨幂、刘璇和谢亚芳 5 位当红明星共同拍摄全新品牌广告片，其中的功能诉求包括了"垂顺""黑亮""有弹性""清香"等。

一个品牌集中了如此大而全的功能诉求，自然是认为"看我功能这么强大，谁有任何需求都应该选择我"。但结果呢？——消费者啥功能也没记住，5 个明星和 1 个明星的效果几乎无差。

由此可见，许多国产日化品牌输就输在了定位不明确。

产品出新难，产品线难以延伸

国内日化企业往往仅凭灵感选中一次适销对路的产品，快速发财并建立起市场知名度，之后便再不能找到第二款热销的高毛利产品。

过于狭窄的产品关联将使得品牌在消费者心目中的联想过于单一，并且缺少情感性关联。最终品牌老化，逐渐被市场所淘汰。

比如霸王品牌，从霸王防脱洗发液到霸王凉茶、霸王牙膏的产品延伸就让人哭笑不得，毕竟在消费者心智中，“防脱”是霸王的核心价值，那么，“防脱”的霸王凉茶和霸王牙膏，又让人作何感想呢？

又比如，蒂花之秀“去屑升级，无屑可击”的广告语相信大家都还有所印象，但是蒂花之秀产品老化，不能推陈出新却也是不争的事实。

对于消费者品牌认知度和忠诚度本就不高的日化行业来说，多年不变的规格与包装，一定会让众多的消费者心生腻烦，产生尝试其它新产品的冲动。

所以，在这种情况下，国内日化品牌一定要懂得抓住品牌定位，以品牌价值为核心进行产品线的延伸，在保护品牌资产的前提条件下进行新品研发。

一味低价，品牌难以持久

很多消费者到现在都有这种印象，国货 = 低端。之所以如此，是因为国内众品牌商都定位于低端市场。

或许品牌商们潜意识都认为刚从贫困线挣扎上来的中国人民一定喜欢低价的快消品，谁不喜欢贪便宜呢？所以，不管是日常洗护还是美容化妆，一上市就开始搞价格促销。但其结果怎么样呢？

雕牌品牌就是一个很好的例子。1999 年，洗衣粉市场被宝洁、联合利华和国内的奇强所把持，牢牢占据了城市市场绝大多数的份额。雕牌避其锋芒，从农村入手，为此曾经拍过一个让人感动落泪的广告，“雕牌洗衣粉，只用一点点，就能洗好多好多衣服”、“妈妈，我能帮你干活了”、“只买对的，不买贵的”。

这个广告很精确地道出了雕牌的价值定位：“低价”，加上其广告的亲情诉求，成功让底层的洗衣粉消费者动心。此后不久雕牌一跃成为市场第一。

随后汰渍打入中国，利用其更为亲民化的广告进行海投覆盖，其“去渍”“低价”形象逐渐为消费者所认同。为应对汰渍的竞争，雕牌洗衣粉选择了进一步降价，继续亲力亲为推出了第二条广告，但这条自述式广告让人不知所云，遑论明确的产品定位。

由于雕牌洗衣粉一入市价格就很低，导致利润微薄，每袋洗衣粉利润不到一毛钱，扣除广告费用、经销费用、进超市的费用等开支，雕牌能赚多少？

相比而言，宝洁采用了更为明智的狙击策略。一方面，在低端市场维持汰渍品牌的低价，同时加强品牌诉求，增强与消费者的情感联系，塑造更有内涵的品牌价值，挤占雕牌的市场份额；另一方面，则针对城市市场开始推出中高价位的洗衣液，以其“不刺激皮肤”的价值诉求成为市场中的吃螃蟹者。

这种“以战养战”的战略，最终将雕牌洗衣粉的市场份额从第一位的四成一举拉低至个位数。由此可见，很多时候消费者并不只吃“低价”这一套，品牌价值才是消费者更重视的。

商业汇评

用一句话来形容国内日化品牌的败因，那就是“不知道自己为什么成功，也不知道自己为什么失败”。在国际巨头用成熟的品牌打造体系解构、洞穿中国市场之时，国内日化依旧走着小作坊的摆摊模式，用想当然、拍脑袋的决策方式做着最后的挣扎。

具体来看，可分为三点，一是定位不明确，盲目追求大而全；二是产品难延伸，在一个产品取得偶然成功后，接下来产品线的延伸并没有遵循商业规律；三是过于追求低价战略，造成低端的产品印象，使得品牌难以形成持久的生命力。

所以，国内日化品牌需要的是增强自己科学运作品牌的能力，包括正确定位品牌价值，找准消费者群体，提升品牌传播的能力，从市场控制力出发培育渠道掌控力等等。只有在掌握了品牌经营之道的基础上，国内日化品牌才能发挥“近水楼台先得月”的本土优势，理直气壮地证明“中国人更懂中国人”。也只有这样，国产日化品牌才能慢慢摆脱其注定失败的“魔咒”，更好地生存发展下去！

4. 靠 13 轮融资存活 20 年，估值曾与 Uber 不相上下！这家公司为何衰落？

据传，可穿戴设备鼻祖 Jawbone 计划退出运动手环领域，种种迹象表明，这家红极一时的独角兽正在衰落。过去近 20 年，这个公司靠不断融资活了下来，唯一的出路就是被收购或者上市，而在美国，当融资环境并不景气时，创业公司失去话语权并走向衰落也不会让人意外。但 Jawbone 并不是孤立的，它代表的是全球科技公司的一种典型生存方式。靠融资活下来，永远难以实现盈利。如果融资难以为继，这些独角兽就离死亡不远了。

据财富网站、Business Insider 等媒体报道，Jawbone 拒绝对传闻作出评论，因此暂时不知道它是不是永久退出了可穿戴设备领域。在可穿戴设备浪潮大行其道时，Jawbone 被认为是这一领域的鼻祖，其估值一度与 Uber 不相上下，UP 智能手环、蓝牙耳机和音响是这家公司的三大标志性产品，但在这次“死亡信号”发出之前，种种迹象都表明这家公司身处麻烦之中。

首先是折价融资。2016 年 2 月，Jawbone 融资 1.65 亿美元。据报道，估值仅仅剩 15 亿美元，比上一轮融资时的 30 亿美元折价 50%。

而在此之前的裁员，也显示出这家公司在收紧开支，2015 年公司宣布裁员 60 名，相当于员工总数的 15%，它还关闭了纽约办公室。

至此，这家独角兽的命运已经浮出了水面——正在走向死亡。但如果回过头看这家公司 20 年的生存路径，并不出乎意料。

靠 13 轮融资存活 20 年

Jawbone 在硅谷成立了近 20 年，产品一直较为单一且难以实现盈利，可它竟然靠 13 轮融资活了下来。

Jawbone 最开始的计划是给美军开发降噪耳机；直到 2002 年他们从美军那里获得合同，才开始向消费者市场布局。此后若干年间，产品研发唯一一次较大的提升就是 2007 年在 CES 发布了无线耳机；3 年后的 2010 年，这家公司首次发布了非耳机产品——蓝牙音响；2011 年，这家公司发布了 UP 系列的健康手环产品。而就在当时，对可穿戴设备的追捧风气从硅谷蔓延向全球，Jawbone 被视作这个领域领军者。

在单一领域经营数十年，这是美国较为独特的现象：比如 Twitter 一直在社交领域，Square 致力于移动支付。而那些迅猛扩张业务的公司，则成为了强势的大公司——Facebook 从最开始的社交到现在 VR 以及人工智能等等业务。

相比之下，中国的创业公司在扩张业务这件事情上则激进得多：小米成立于 2010 年，从最开始的手机业务到电视机、电饭锅乃至年轻人房屋租赁业务；锤子手机成立于 2014 年，也在 2016 年宣布进军 VR 业务。

在融资环境较为成熟的美国，许多投资者都奉行一个理念：投资一家公司的未来，即便这家公司暂时没有盈利能力，但相信它未来前景良好。有时候他们对这一理念能够“迷信”数十年。

最典型的案例是亚马逊——即便最残酷的华尔街，对待这家公司也堪称宽容，这家公司的市盈率在最高峰时达到 4000 多倍。亚马逊从电商业务起家，后来发展出云业务，以及最新的火箭业务，在成立 20 多年时间里，公司发展策略以及创始人贝佐斯的管理理念成为商业世界的教科书。

在融资环境较好的时候，不少公司能够获得像亚马逊一样的待遇——依靠资本不断投入存活下来。包括 2016 年 2 月的融资在内，Jawbone 一共融资 13 轮，总融资金额 9.83 亿美元。相比之下，它的竞争的对手 Fitbit 只融过 4 轮，一共筹集 6600 万美元。

不难发现，许多著名投资者都曾看好这家公司的未来。根据 Crunchbase 上的数据，Andreessen Horowitz、黑石投资以及 JP 摩根都是这家公司的早期投资者，而投资人苏海尔·利兹维作为 Twitter 的投资者也曾领投过这家公司。

从 2011 年开始，以硅谷为中心，“可穿戴设备”这个古老的概念以运动手环为切入点开始了商业化的进程，而 Jawbone 登上了这波浪潮的巅峰。

可 Jawbone 并没有如投资人们所设想那样开发新品。当竞争对手开始为运动手环提供屏幕、自动识别睡眠和运动状态的时候，Jawbone 并没有做任何跟进。不仅仅是可穿戴设备，就连这家公司原本的蓝牙音箱业务也出现危机，Alex Asseily 在接受《财富》杂志采访时说，他们在美国市场的份额已经跌至 5%，出售这一业务是痛苦的，但也是经过谨慎的考量。

当人们对“未来高回报”坚信到狂热的程度时，不免出现怀疑，这正是人们所说的泡沫破灭的时候。从 2015 年以来，这种怀疑已经在出现，风险投资者在出资时往往讨价还价。

根据硅谷 Fenwick&West 律师事务所对 2016 年第一季度的 148 个总部在硅谷公司融资情况调查发现，这一季度融资的公司相比前一轮融资时价格上升的，即业界称之为上升轮的融资，占据 78%；相比上个季度（即 2015 年第四季度）的 82% 有所下降，平均价格的增幅（53%）略低于历史平均水平（56%）。

在这种情况下，Jawbone 的日子变得艰难，为了获得持续资金，不得不接受苛刻的融资条款或者是“流血融资”。2015 年 3 月，Jawbone 公司融资了 3 亿美元。但此后彭博社报道称，贝莱德公司投资的那部分其实只是贷款而非股权融资。贝莱德的投资相当于一笔可转换债，有着非常苛刻的条件：在 Jawbone 出售的时候，贝莱德会比早先的股东还要早地获得资金；贝莱德在管理问题上有着很大的话语权；贝莱德也会干预 Jawbone 公司如何花钱。就在 Jawbone 获得了贝莱德的资金后，于 6 月裁掉了 20 名员工。

除此之外，还有折价融资。实际上，就在 2016 年 2 月这家公司再次融资 1.65 亿美元时，Jawbone 估值由 2015 年 4 月上一轮融资时的 30 亿美元缩水至 15 亿美元。相比之前能够给公司带来各种资源甚至是“背书”的著名投资者，这次是一家来自中东的“接盘侠”——科威特主权投资的投资公司。

这些公司除了资金之外并不能够像硅谷主流投资者那样带来附加的资源，所以一般并不为势头强劲的公司所青睐。而在这些被硅谷人称作“石油王子”的中东资本介入时，往往代表这家公司在被“抛盘”。

这种长期专注某一个领域的公司可以说一直在等待某家实力雄厚的大公司的收购，这时 Jawbone 命运已经浮出水面。

Jawbone 提出的另一个问题则是，曾经被鼓吹的可穿戴设备究竟是不是一个真实的市场。

借助伪市场概念走红

至少目前看来，美国市场上主流的可穿戴设备厂商都痛苦地存活着。除了 Jawbone，偏时尚类的 Misfit 以 2.6 亿美元的价格被 Fossil Group 收购；而 Jawbone 最重要的竞争对手 Fitbit 于 2015 年 6 月登陆纽交所，如今股价在 14 美元左右，相比最高点时的 51.90 美元下降近 73%。就在 5 月初，这家公司发布了第一季度财报，显示其运营成本接近 2015 年同期的 3 倍，导致利润大降 77%。

大多数分析人士把这种集体生存困难归结于中国厂商小米生产的廉价手环。来自咨询公司 Creative Strategies 的一位人士说，现在健身类的可穿戴设备被几个玩家垄断，小米与 Fitbit 占了 70% 的市场份额，前者垄断了中低端市场，而 Fitbit 则占据高端市场的 50% 以上。“这让其他玩家的生存变得非常困难”。

但公司真实的遭遇却脱离于市场报告给出的数据。Fitbit 的遭遇如前所述，小米也并非威力无穷。小米从 2015 年 2 月起宣布进入美国市场，由于专利等原因，手机无法进入这一市场，小米手环则成为一个重要的敲门砖，但是，到目前为止，这个售价仅仅是 Fitbit、Jawbone 十分之一的产品仅仅是通过他们的英文网站向这一市场销售，而小米公关人士向外界透露，目前他们在这一市场的销售数据几乎可以“忽略不计”。

但市场调研机构的数据仍然在鼓吹这一市场，IDG 最近发布的报告指出，2016 年第一季度，可穿戴设备出货量相比 2015 年同年上涨了 67.2%。

在这份报告中，可以看到，即便是苹果手表也显示出颓势，从占有率环比看，2016 年第一季度，Apple Watch 市场份额 7.5%；而在 2015 年第四季度，这个数字是 15%，全年也有 14.9% 占有率。

可穿戴设备或许本身就是一个“伪命题”，一个并不真实存在的大众市场。在 2015 年 Business Insider 做的一份市场调查报告中，51% 的用户说，看不到任何使用的必要。

而就在 Jawbone 正在走向灭亡的时候，市场报告和媒体都在鼓吹新的可穿戴的概念，比如含有智能芯片的衣服……如果你不介意当下一个 Jawbone，也不妨相信这件事情。

Jawbone 的案例跟国内的微微拼车有几分相似之处。微微拼车，从估值 10 亿元到轰然倒塌，也只用了短短 3 个月的时间。它的失败在于在吸引大量融资之后，为了扩大消费市场，烧光了所有的钱。

微微拼车飞奔，估值从 8000 万元到 10 亿元

王永是楚星设计、品牌中国等企业的创始人，20 年来他在设计领域闷声赚钱，从未想过自己会与互联网创业发生瓜葛。

但在 2014 年，各种拼车软件层出不穷的时候，王永心动了。因为热衷公益，王永一直关注并推动着公益顺风车事业的发展，当他看到商业版本的顺风车如此受市场欢迎之时，便决定卷起袖管自己干。

2014 年 4 月，王永筹备成立了北京微卡科技有限公司；10 月，微微拼车正式上线。和嘀嗒拼车、51 用车、天天用车一样，微微拼车希望搭建一个拼车平台，方便车主和乘客互助出行。不一样的地方在于——王永是个传统企业家，他精于传播，且在全国各地拥有不少合作资源。这个特点帮助微微拼车迅速壮大，同时也导致了微微拼车的最终失利。

2014 年 10 月，微微拼车只有不到 30 名员工，公司账上的资金也不到 400 万元。但凭借王永在顺风车领域的号召力，以及全国各地的合作资源，微微拼车在多个城市迅速打开了市场。

2014 年 12 月，微微拼车拿到了 400 万元的首笔投资，投资方叫中新圆梦，对微微拼车给出的估值是 8000 万元；2015 年 1 月，微微拼车拿到了 750 万元的第二笔投资，投资方叫茂信合利，给出的估值是 1.5 亿元。

这两笔投资的进入，让王永的胆子大了起来，微微拼车随即进入人员和业务的“跃进”状态。

“我们上了《新闻联播》，我主演的电影《顺风车》也启动了预热。”王永回忆说，当时一切看起来都欣欣向荣。包括中信资本、盛大资本在内的一大波投资机构络绎不绝地来登门拜访。

他们给微微拼车的估值也从 1.5 亿元变成 3 亿元，又从 3 亿元变成 5 亿元、8 亿元，直到 10 亿元。王永在微微拼车大约持股 70%，按照 10 亿元估值一算，他的身价已为 7 亿元。

“当时觉得自己马上就要成功了，非常亢奋，每天几乎 16 个小时都在工作。”王永甚至开始谋划上市，谋划全球化，谋划一个规模更大的私家车共享经济平台。

终于，中信资本喊出了 10 亿元报价，王永开始心动。为此，他甚至还拒绝了一家 A 股公司 10 亿元收购微微拼车的请求。但很快，他就为自己的贪婪和犹豫付出了代价。

一夜消失的投资人，微微轰然倒塌

骄傲和贪婪加在一起，让王永在犹犹豫豫的状态下拒绝掉了很多急于入局的资本，而把未来孤注一掷在出价最高的中信资本身上。就在中信资本做完尽职调查、准备开投决会之前，故事发生了致命转折——滴滴来了。

2015 年 2 月 14 日，滴滴打车和快的打车宣布合并。合并后没过多久，就传出滴滴将要推出拼车产品“滴滴顺风车”的消息，这对微微拼车、嘀嗒拼车、51 用车和天天用车这些拼车行业的创业公司来说，是非常致命的一击。事实也证明，没过多久，拼车行业的另一个创业公司“爱拼车”宣布了停止运营。而摆在其他玩家面前的最迫切问题是——滴滴把投资人都吓跑了。

王永显然没有预测到这样的结果，否则他应该先拿一笔钱活下来，而不是一味等待高估值。滴滴把中信资本吓跑以后，微微拼车并没有马上到走投无路的地步。那时候，微微拼车每天要烧掉 100 万元，账上的钱所剩无几，但如果放低估值去融资还是有一定机会的。

果然，盛大资本来了，他们给微微拼车的估值是 4 亿元，愿意投出 1 亿元换取 25% 的股份，其中 4000 万元来自盛大，另外 6000 万元来自两家跟投的机构。与盛大的谈判非常漫长，而微微拼车账上的钱已经快要花光了。为了维持仅存的一点希望，王永个人先后拿出 2000 多万元投入公司。

在业务方面，微微拼车一度加大了在上海、杭州等城市的补贴力度，仅仅是为了能做出漂亮的数据给盛大看。现在回想起来，王永说，那时候自己就是赌博心态。

而结果是，他赌输了。2015 年 6 月，股市暴跌，在这样的背景下，盛大资本在投决会上决定不会投资微微拼车。而王永转身去找其他投资人时，发现没有任何人有丝毫接盘的意愿，无论估值可以降到多低。

“我们用 3 个月的时间，从 30 人增长到 300 人，又用 3 个月的时间，从 300 人裁员到 30 人。”王永对网易科技记者说：“如今回头看，当初的一切都很疯狂。”

在最疯狂的时候，微微拼车每天要补贴掉 100 多万元，但后来证明其中 30% 甚至更多都被刷单者拿走了；地方分公司动辄向总部要走上百万元的推广费，但结果只带来 1000 或者几百名新用户；员工普遍拿着高薪，学硅谷文化，每个月的水果酸奶钱都要花掉好几万元。

当然，疯狂没有持续多久。微微拼车在花掉 4000 多万元以后，彻底宣告失败。

微微拼车的失败和 Jawbone 有很大的相似之处，两者都是科创公司，也都是靠投资人输血才能够存活和发展的。他们在前期都有一个很大的噱头，以吸引投资人的目光，试图让投资人对其倾注巨额资金。

靠着前期的输血，公司通过给消费者大量的补贴扩充消费市场。但这些公司只意识到了要通过烧钱来吸引消费者的关注和喜爱，而并没有真正意识到提高产品的核心竞争力以及提升产品自身的独特性和不可替代性来获取忠诚的消费者。

一旦公司将投资人的钱烧完了，由于缺乏产品的核心竞争力和独特性，公司很快就会陷入困境之中。而与此同时，许多同类公司像雨后春笋般冒出来，直接对他们构成了极大的威胁，使得自身经营发展面临很大阻力。

商业汇评

无论是Jawbone，还是微微拼车，实际上代表的都是全球科技公司的一种典型生存方式。靠融资活下来，永远难以实现盈利。如果融资难以为继，这些独角兽就离死亡不远了。这种靠前期输血方式的创业公司如果缺乏竞争力，一旦输血渠道被切断，它们很快就会死去。

因此，在当前互联网环境下，科技创新公司最应该注意的，不是在前期搬弄各种噱头、对投资人夸夸其谈，在公众场合和社交媒体上大出风头，而应该是专注于自身，断提高自己的核心竞争力，打造出其它公司无法轻易生产和模仿的产品或服务。只有靠自己造血为主，只有打造出自己最独特的核心竞争力，公司才不会猝然死去！

5. 烧光了10亿元，嘿客依然惨死！从落地到失败，它到底经历了什么？

导语

曾经风光一时的顺丰便利店“顺丰嘿客”在2016年低调关闭，官网域名sfheike.com现已无法访问。嘿客是顺丰创始人王卫的一个大实验，有人算了一笔账，这个项目起码投资10亿元。这一场耗资10亿元的O2O实验，最终以失败落幕。从呱呱坠地到最后的惨败，嘿客到底经历了什么呢？

2年的时间，10亿元的投入，近2万人的努力，顺丰嘿客最后竟然赔个精光，什么都没留下——一没留下什么固定资产，二没锻炼出队伍，三没探索出成熟的商业模式，似乎连个像样的教训都没总结出来，真可谓败得一踢糊涂，输得莫名其妙。这一昂贵的试错对O2O的创业者有哪些启示呢？

嘿客发展三部曲：快递、电商、便利店

2014 年 5 月 18 日，顺丰嘿客正式在全国开业。2015 年，嘿客更名为顺丰家，整合顺丰优选、顺丰快递、便民服务等。事实上，嘿客经历了 3 个发展阶段，分别是：布局快递、探索电商和社区便利店。

第一是布局快递。嘿客一般选址在高档小区附近，考虑到去居民楼、写字楼上门收发件成本过高，所以采取用户到门店寄件、门店取件返 2 元的模式，最大程度节省人工成本，而收发快递属于低频业务，用户每月平均使用 2~3 次，进店率低导致门店冷清，同时高档小区用户不会因省 2 元而到店取件，他们更希望获得上门收发件服务。

第二是探索电商。2011 年 O2O 概念尚未流行开来，2012 年 O2O 线上线下结合被广泛接受，顺丰认为必须转型升级，于是上线顺丰优选探索电商模式，考虑到电商属于重模式，不能大面积覆盖，所以尽快布局嘿客。

第三是社区便利店。从 2014 年开始，顺丰在 3000 家嘿客门店推行 O2O，嘿客隶属于商业事业部，员工 1.6 万人，并引进大量零售业高管，店内摆放各种商品，采取现场销售取货的模式，即用户在移动端下单后可享受上门配送服务。社区便利店定位使嘿客供应链成本居高不下，门店展品销售收入过少，即使加上主营快递业务收入，也不足以支撑门店的正常运营。

事实上，展品销售与快递业务相冲突，最终嘿客“快递收发站 + 社区便利店 + 线下体验店”三位一体的定位成为四不像，1 年下来总共烧掉 30 多亿元。顺丰掌门人王卫也深刻反思，“2014 年是顺丰成立 20 多年以来创新变革最多的一年，虽然创新很多，但在我看来，差不多有一半是不成功的。”

但是，顺丰高管并不承认嘿客失败。有人问嘿客的一个高管：嘿客最失败之处是什么？他直言嘿客没有失败，如果嘿客没有失败为何要修改战略？

但嘿客的确处在巨大的尴尬之中。

2016 年 5 月，顺丰把所有与用户相关的业务整合起来，隶属于商业事业部的嘿客、其他事业部的海淘网和顺丰优选合并为商业事业群，并主打生鲜冷链的全新战略。嘿客改名为顺丰家，冷链运输是顺丰的既有优势，规定每家顺丰家生鲜产品占比达到 40%。顺丰前高管爆料，3000 家嘿客门店改名凸显顺丰未形成统一的方向。

被边缘化的嘿客败得有多惨？

嘿客 O2O 项目（顺丰商业）的失败，首先是财务上的失败，用“溃败”形容一点都不过分。

我们先看一下这组数据：

在新公告中，“已剥离业务商业板块”自 2013~2015 年造成的亏损分别是 −1.26 亿元，−6.14 亿元，−8.66 亿元，三者相加近 −16.1 亿元。而亏损的原因，“主要是因为顺丰商业自 2014 年开始集中铺设线下门店所致”。

我们再看另一组关于顺丰内部员工人数变化的一组数据：

新公告指出，顺丰员工从 2014 年 12 月 31 日的 138111 人降至 2015 年 12 月 31 日的 121882 人，下降幅度为 11.75%，主要原因也是将“顺丰电商、顺丰商业两家子公司 100% 股权转让，其员工不再属于顺丰控股自有员工”。

换句话讲，也就是将 16229 员工变相裁员。再不客气地讲，就是老板犯的战略错误和失败压力，最终却是被这些颇具革新意识和创业激情的内部员工集体背负和承担。

另一组耐人寻味的数据是，顺丰控股有限在出售商贸控股、顺丰电商、顺丰商业 100% 股权时，转让价仅仅 10 元、1 元、1 元，而评估公司对顺丰电商和顺丰商业的全部资产评估是 −525460.55 元。

也就是说，2 年的时间里，十几亿元的投入，近 2 万人的努力，最后竟然赔个精光，什么都没留下——一没留下像样的固定资产，二没锻炼出像样的队伍，三没探索出成熟的商业模式，最后，甚至连个像样的教训都没总结出来，真可谓败得一蹋糊涂，输得莫名其妙。

嘿客惨败的四大教训

1.O2O 的本质是消费升级，而不是线上线下简单相加

顺丰作为流通领域品质的代表，当然是希望自营站点，但自营站点的成本很高，于是就想着怎样在保证自营的同时冲抵站点开设的成本。

于是，嘿客就变成了“快递收发站 + 社区便利店 + 线下体验店”三位一体。顺丰希望通过加法的方式放大用户价值，然后通过这种放大，把互联网普遍成功的流量模式复制到线下。想法是好的，线上与线下相互导流，从选单、支付、到货也形成了闭环，但他们并未考虑到用户的感受。

作为快递收发站，顺丰的快递大多上门，做一个社区收发站，成本根本支撑不了；

作为社区便利店，店里没有实物商品，只提供图片，用户下了单还是只能回家等候。所以，便利店兼作收发可，反向收发站兼作便利难；作为线

下体验店，退一万步讲，即便想在你的试衣间试衣服，体验一把，但你有那么多SKU供选择么?

2014年，大家对O2O的普遍定义是“线上下单—线下体验”。时至今日，O2O已经不再是双线简单相加或者所谓的融合，而是以一种更有效率的组合方式或互动形式，去迎合用户对于效率和品质的追求，这也正是消费升级的核心目标。

顺丰嘿客的三位一体并没有实现良好的互动，反而让用户不知所云，商业逻辑背离了用户逻辑，再合理的推理也是无益。

2.O2O的核心价值是便利，而不是给用户添麻烦

O2O对于用户的核心价值在于，获取更为优质优价的产品和服务、进一步解放自己。

反过来看顺丰嘿客，作为用户来看，首先，东西并不便宜（用户的直观感受)；其次，简直是给用户添麻烦。作为收发站，以前的快递收发都是上门，现在要到店收发，无疑增添了麻烦。另外，日常消费品不能现款现货，还都是图片，麻烦。店内也没有店员的介绍和推介，太麻烦。

顺丰嘿客本意是好的，当然是想为用户提供便利，可问题是你为用户的着想是“空想”，而用户却根本不那么想。

3.O2O的出发点是挖掘年轻用户，而不是把老年人变成互联网用户

不知道从什么时候开始，“中国大妈”变成了一个强势消费群体。放在O2O领域，大家都在讲社区，都讲最后一公里，最后发现“中国大妈”绝对是待挖掘金矿，京东甚至要发动“大妈”变成其O2O战略的王牌军。这是非常可笑的!

反观顺丰嘿客，里面的智能设备有很多是给年长的人专门准备的，而且不出所料，稀稀拉拉的顾客大多以上年纪为主，而且都带着小孩。

要知道，他们有时间，有消费决策权仅限于菜市场和广场舞之余，真要让她们去买个只有图片的东西，教育成本是很高的。顺丰嘿客的社区战略有考虑老年人，的确这些老年人是有待挖掘的市场，但绝不是嘿客的这种形式。

所以，O2O 的出发点应是挖掘年轻用户群体的新需求，而不是把老年人变成互联网用户。

4.O2O 的落点应该是效率的提升，而不是成本的驱动

O2O 对于用户来说有两个目的：优化购买成本和提升体验效率。对于运营者来说也只有两个目的，降成本、提效率。

O2O 平台作为交易的连接方，效率和成本都不能兼顾的情况下，靠成本驱动，靠补贴取胜，这不能算是一门生意。顺丰嘿客大概也是这个问题。

2014 年 5 月 18 日起上线不到一年，顺丰嘿客的数量就号称 2000 多家门店。嘿客店面面积一般不超过 50 平米，多半都位于城市或社区的相对临街地段，所以租金也不会太便宜。再加上顺丰要求统一高规格的装修布置，以及专职员工等，一个嘿店开业需要投入资金大概在 20~30 万元之间。

不说整个顺丰体系能否支撑，就说单店，靠收发快递以及稀稀拉拉的零售，能盈利几乎是不可能的事情。居高的成本和并不高效率的运营，已经背离了生意的原旨。

任何模式归根结底都应该是一门生意，哪怕一时不赚钱，至少对于用户是有价值的。特别是在“互联网 +”的时代，首先你得有真实的需求价值做基础，其次成本和效率能够撑得起这作为一门生意。

顺丰用一道加法让用户出现了凌乱，自己也背负了巨大的成本，错位的用户群体，没有双方都期许的便利，甚至还给用户添了麻烦。所以对顺丰、

对用户而言，顺丰嘿客就是鸡肋。

按照顺丰官方给出的近3000家门店的数量，假如按每家30万元的投入，顺丰嘿客此一举就耗资近10亿元，照此看来，这学费着实不菲。所以不管是创业者还是投资人，在当下的O2O领域都要谨慎出手，及时收手，从这烧光了的10亿元买来的教训中好好汲取经验。

嘿客复盘，3大战略势在必行

1. 大航空战略：专注生鲜，做大食品领域的顶级物流服务商

在航空货运市场，顺丰最大的竞争对手不是EMS或其他国营航空公司，而是其他快递公司或平台电商，2014年顺丰仅购进4架飞机，2015年购进8架，2016年截至4月30日，又购进4架，目前一共有30架自有全货机。

可对比的是，发力仅仅半年的圆通航空，一口气就订购了20架飞机。市场竞争就这么残酷而讽刺，此消彼长中，竞争对手平白多估值了上百亿元，而顺丰不但将来至少会被吞噬10%以上的市场份额，而且上市估值也至少被低估了1/3。

许多人搞不明白，航空货运和嘿客有什么关联？当然大有关联，如果顺丰在航空货运方面提前加大投入，那么就有富余的航空运力调配出来，最理想的是每个月至少保证一架货机专营生鲜，并最终在2年内形成5~10架专营“生鲜直达”的货运机队。

如何保证生鲜“鲜”？自然是“快”。这几年网络上生鲜电商都爱吹“产地直采”，但实际上绝大部分电商平台和渠道商家都做不到，关键是运力不匹配，但顺丰太有底气做这件事。

嘿客的第一定位，应是以“航空直达”为核心势能，放大物流基因优势，专注生鲜，做大食品领域的顶级物流服务商。这本是顺丰最应该选择的战略切入路径，可遗憾的是，当初王卫的判断出了问题，或者讲是他对顺丰商业的战略规划思路和操盘逻辑出了问题。

如若从专注生鲜、做大食品领域的顶级物流服务商的大航空战略出发，嘿客的复盘指日可待。

2. 大社区战略：极致物流，做最有竞争力的社区仓储物流中心

嘿客要在社区落地生根，其核心竞争力不该是传统的门店零售模式，而该最大程度放大顺丰的物流优势，最大程度解决最后一公里的配送成本过高和配送不方便问题。

对于嘿客的社区定位和服务功能，可以设想打造前置性全新的社区微仓储体系，由（嘿客）店仓 +（智能）柜仓 +（大妈）家仓组合成一张社区全覆盖的服务网络。

店仓，算是嘿客店的 2.0 升级版吧，即一种超级社区物流服务中心。简单理解，就是把顺丰、申通、韵达、中通等城市区域布点，合并成一个超级社区物流分拣（服务）中心和订单池云处理中心。这样不但能极大降低合作股东的城市分拣成本和人力成本，同时提升配送效率和服务体验，更关键的是有冗余的空间改造成社区商业体验中心。

智能柜仓，简单理解，就是把智能柜部分柜门改造成透明玻璃，这样部分格子柜就兼具自动售货机和商品试用装或实体样品的广告展示功能。甚至将来也有可能售卖药品、生鲜、饮料等。

家仓，则更有意思些，就是把微仓进一步前置到消费者家门口。在条件成熟的社区，每个单元楼都可以精选一个大妈的家做临时仓储点和部分商品直销中心。

如果能在一开始就把嘿客打造成为最有竞争力的社区仓储物流中心，那嘿客今日也不会沦落到如此现状。

3. 大平台战略：双网合一，做最专业的平台级食品供应服务商

业务聚焦，单品突破，顺丰嘿客原在生鲜领域大有可为。

一是从市场层面看，生鲜食品是家庭生活必需品，需求稳定，黏性强、复购率高，利润空间也大。

二是从竞争层面讲，唯有生鲜食品能放大顺丰的航空优势、冷链优势，以及嘿客社区门店网络优势及顺丰优选积累的经验优势。

三是从资源层面分析，就生产端而言，顺丰可以借上万个直营网点的区位优势和人脉优势，在全国范围内建立丰富的直采基地；在零售端，30万员工频繁深入社区一线，可以快速完成渠道下沉和宣传任务。

嘿客只需扮好两个角色，做好两个生意：一是2B，做其他生鲜电商平台的冷链物流服务商和高端生鲜一级代理商；二是2C，做高端生鲜（时令水果、进口生鲜、地方特产、好茶名饮）的社区直销零售商。

要做好这两大生意，首先必须将顺丰优选和嘿客归入一盘棋统筹规划。一个线上发力，一个线下互补，也本是顺理成章的互补和融合。

如今，这个“双网合一”的大战略除了“双品牌”被执行外，其他的都执行得一塌糊涂。那么，对此嘿客可以怎样转型改善呢？

先说2B业务，“顺丰优选”的转型定位应是成为国内高端生鲜和大食品的一站式批发采购和分销服务平台。

无论跨境生鲜（进口食品）物流，还是国内产地（地方特食）直采，顺丰都有足够的实力和资源搭建最具竞争力的服务平台。嘿客门店一端的业务，也可以2B为主。

原因是嘿客的商业目标不是与社区传统便利店或夫妻店竞争（一是竞

争不过，二是消灭不了），而是压缩 / 优化社区零售的供应链条，消灭部分三、四级批发商，特别是部分呈垄断性的品牌食品上，特别容易整合。

而在 2C 业务，无论线上，还是线下，顺丰都应精选品类，聚焦用户，在时令水果、进口生鲜、地方特产、好茶名饮等有强礼品属性的品类方面多下功夫，做好商圈团购和社区直销服务。

如果这一大平台战略被正确且有力地执行，那么利用嘿客这一商业服务平台，实现业务翻番式增长，快速完成近百亿规模收入，并最终可能“再造一个顺丰”。

嘿客虽然在之前的一仗中失败得彻彻底底，但王卫应该也从这 10 亿元的学费中吸取了惨痛的教训，嘿客的下一步转型调整也是势在必行，或许很快有一日，嘿客就会改头换面、东山再起！

商业汇评

嘿客是顺丰的一步重棋，但并没有实现预想的效果，其线下商铺模式并未能有效的转化店面周边的有效消费需求。首先，嘿客店面提倡的模式是 O2O，但是对其覆盖的客户人群来看，未必能吸引或者是培育出适合 O2O 的细分客户群体。把老年人变成互联网用户，这一模式从一开始就错了。还有，其盈利模式还存在讨论空间。嘿客的运营成本始终是一个刚性的支出，但从盈利模式来看，顺丰的嘿客主要是通过收取上架的商家产品的手续费，以及部分的广告费用，并无其他稳定的赢利点，而手续费和广告收入是需要一个长期的积累过程的。并且，相比电商平台，嘿客的产品和服务并不具有优势，无论在价格还是商品数量上都是如此，性价比并不高。

嘿客是要为消费者提供便利，这样的想法是正确的，而且还结合了自身的物流优势，在最后一公里的布局上还是存在一定的战略前瞻性。但是，战术上却存在问题，O2O的模式并不是最佳的结合点，并不像餐饮、电影票等O2O模式一样，具有的高粘性和高频度。

6. 打折促销、价格大降依然无人问津！哈根达斯这次还有救吗？

“爱她，就带她去哈根达斯”这句浪漫的广告语相信大家都曾耳熟能详。哈根达斯，曾经是大城市的少女们最喜欢的冰淇淋甜品，自身就笼罩着甜美梦幻的气息，也是爱的象征。

而且哈根达斯素有冰淇淋界的“劳斯莱斯”的称号，入华 20 年一直稳稳占据着中国高端冷饮市场。在哈根达斯，一个小小的单球冰淇淋价格都在 30 元以上，和普通的冰淇淋相比，价格确实称得上昂贵。可是高昂的价格并没有影响许多追求生活品质、追求小资的人士对它的喜爱。

最近，却传来了哈根达斯打折促销、价格大降依然无人问津的消息。对此，在近期的分析师会议上，承包了哈根达斯的通用磨坊公司表态，称 2016 财年哈根达斯在中国市场增速放缓。但从其中国市场布局的业务结构上看，通用磨坊一半以上的销售额全都来自于哈根达斯品牌，由此可见，哈根达斯在中国的不景气可是让通用磨坊伤碎了心。

哈根达斯到底是怎么样一家公司呢？从之前的巅峰状态到现在的危机四伏，它到底经历了什么？下面，笔者就带你去一探究竟吧！

哈根达斯：冰淇淋界的神话

哈根达斯是美国的冰激凌品牌，1921 年诞生于纽约布朗克斯市的一个家庭。

20 世纪 50 年代，由于冷冻技术和科技的发展，导致很多冰淇淋制造商在产品中加入更多的空气、稳定剂和防腐剂，以延长产品的保质期和降低经营成本。因而使冰淇淋的质量大不如前。

鲁本·马特斯当时便立下宏愿要生产纯天然的、高质量的、风味绝佳的冰淇淋产品，让世人享受真正高品质的冰淇淋美味。就这样，美味而高质量的哈根达斯诞生了。

新鲜、天然、健康及高品质的哈根达斯冰淇淋在推出后很快得到了消费者的热捧。1962 年，哈根达斯在美国纽约布朗克斯命名并上市。

1983 年，哈根达斯被出售给品斯乐公司之后，品斯乐公司纳入通用磨坊公司旗下。2002 年雀巢公司收购哈根达斯冰淇淋在美国的全部注册商标权，但在收购之后，通用磨坊公司仍然拥有哈根达斯在美国之外的全部注册商标权。

哈根达斯因为其昂贵的价格，一直以来都被视为冰淇淋品牌中的贵族。

哈根达斯究竟有多贵呢？一个冰淇淋小球单价标着 100 克，35~70 元不等，被誉为冰淇淋中的“劳斯莱斯”。不过哈根达斯的重量是同样体积冰淇淋的两倍左右，因为它的密度很大，料足艺精。

时至今日，在世界各地，哈根达斯已成为高档冰淇淋的标志。自哈根达斯大中华区的第一家店于 1984 年在香港落户后，经过 26 年的发展，截至 2010 年已在大陆、台湾、香港拥有百余家专卖店。在大中华区，所有销售的哈根达斯冰淇淋产品 100% 由法国进口。

哈根达斯一直提倡“尽情尽享，尽善尽美”的生活方式，鼓励人们追求高品质的生活享受。在提供冰淇淋的同时，哈根达斯非常注重营造一种氛围，使品尝成为一种难忘的体验。这也就是“哈根达斯一刻”，其著名的广告词“爱她，就带她去哈根达斯”可以说家喻户晓。

不含任何防腐剂、人造香料、稳定剂和色素的哈根达斯得到了大都市白领的喜爱，很少有如此美味又健康的冰淇淋。为此，纽约时代杂志曾赋予其“冰淇淋中的劳斯莱斯”的美名。

可就是这样一个风靡全球的冰淇淋界的贵族，为何出现衰败的趋势呢？

中国市场销量冷淡，哈根达斯光环不再？

据《北京商报》消息，在近期的分析师会议上，通用磨坊再度指出，2016 财年哈根达斯在中国市场增速放缓，酸奶新业务的收入冲抵了这部分衰退，包括中国在内的亚太市场取得了 1% 的增长。另有数据显示，2016 财年上半年，亚太市场的净销售额增长了 2%，而中国区则下滑 1%。

从通用磨坊在中国市场布局的业务结构上看，哈根达斯在通用磨坊的中国市场举足轻重，但哈根达斯的增长乏力，让通用磨坊有些为难。

在此前，中国曾一度是哈根达斯最重要的消费市场，广大的城市人口基数、人们越来越追求高品质的生活方式为哈根达斯在中国的热卖奠定了良好的基础。

作为通用磨坊旗下主力的哈根达斯，之前不仅在中国市场发挥着重要作用，在全球销售中也贡献突出。公开资料显示，通用磨坊完全控制的哈根达斯市场约 8 亿美元，其中贡献最大的也是大中华区市场，占比超过一半。

而现在，中国市场的销售量已经明显出现了下降趋势，这对于哈根达斯和通用磨坊都是极其不利的消息。“中国政府对礼品政策进行了改变，影响了月饼盒礼品卡的销售。”通用磨坊对于销售额的下降这样表示，不过他们也称将对哈根达斯的门店以及零售铺进行革新。

打折促销、价格大降，消费者仍不买账

对于销量下降的情况，最急的无疑就是哈根达斯和通用磨坊公司了。对此，他们给出的第一个应对策略就是对哈根达斯进行打折促销。可没想到，千年不打折的哈根达斯尽管出现了大幅降价，但消费者显然并不买账。

据《北京商报》的记者的走访发现，在北京某大型超市，哈根达斯正在做打折促销，原价 82 元的品脱装冰淇淋，降价至 45.9 元，原价 33 元的脆皮冰淇淋，降至 26.5 元，但很少有人去购买。

在三环附近的一家门店，工作人员对记者介绍，“除了周末人气比较旺之外，平日里顾客并不多。听说北京有四五家关门了。”

随着越来越多的高档冰淇淋品牌进军中国市场，以及消费者越来越刁

钻的口味和求新的好奇心理，哈根达斯的风光早已不再。它再也不是银泰、万达等一线大型购物中心配备冰淇淋品牌的第一选择。在北京、上海、广州等一线城市的大型购物中心里，哈根达斯的数量也呈现减少的趋势。

这样的哈根达斯还有救吗？

随着英国、法国、德国、韩国等高档冰淇淋品牌入驻中国，哈根达斯面临愈来愈严峻的竞争。在销量惨淡的背景下，哈根达斯现在还有救吗？笔者认为，哈根达斯应该做出以下几个切实的行动。

1. 不打价格战

即使销量不景气，哈根达斯也不应该随意降价，不应该试图用低价吸引消费者的回流。因为 20 多年来，哈根达斯自身的定位原本就是高档的冰淇淋产品，走的是高端冷饮市场，如果随意降价不仅会使自己在短期内无法盈利，更容易影响自己的高端品牌定位，从而降低在消费者心目中的口碑和信誉。所以不打价格战是哈根达斯首先需要坚守的。

2. 拓展新品

哈根达斯在入驻中国市场不久，冰淇淋系列产品的新品更新非常迅速，不断推出新的口味，如抹茶、芒果、夏威夷果仁、曲奇香奶口味，还有新的产品，如吉士布丁等。虽然近几年，哈根达斯也不断推出新产品，如冰淇淋火锅等等，但总让消费者觉得创新力度不够，总在原有产品的基础上做小把戏。对于没有创新力和突破力的产品，消费者迟早会对它失去热情。

3. 改变服务

许多大型知名的连锁店，通过服务员良好或特殊的服务赢得消费者的好感和关注，如提供周全的服务（服务员甚至会帮你拍照合影）、和顾客有一定的互动等。而哈根达斯一直以来在服务上就没什么特色，可以说，顾客在这里花的是一顿西餐的价格，享受的却是快餐店的服务。

在哈根达斯，都是由顾客自己点单，付完钱后，便坐在座位上等候冰淇淋的到来，整个过程和小快餐店一样，没有任何特殊性。如果服务员能在顾客等候的过程中送上一只哈根达斯专属玫瑰或为顾客拍照留影，为顾客提供更贴心服务，顾客满意度显然能够提高。

不管是什么产品，都不能故步自封、止步不前。在激烈的市场竞争环境下，不进则退。要想在激烈的市场竞争环境下生存下去，必须时刻保持警惕、步步为营，避免让自己陷入危机之后才开始寻求出路，那样就已经太迟了！

商业汇评

无论多么知名的品牌，在消费者尝鲜过后，就会对品牌挑剔和比较，如果产品始终不能满足顾客的需求，那么就会被淘汰。因此，不断地进行产品创新和服务升级才能吸引顾客的多次消费。仅凭自身过去积累的名气而骄傲自满、止步不前，迟早会有“吃完老本”的那一天。

另外，像哈根达斯这样的高端奢侈品降价需要谨慎，自身的高端品牌形象可能会受到影响，引起忠实消费者减少。另外，即使降价，其价格也无法与大众品牌相比，不能引起消费量大幅上升，如果再不以自身的创新吸引消费者，其降价所增加的消费量及收益未必能够弥补单品利润下降的损失。

7. 市值超过 2000 亿美元，差点吞并苹果！这个帝国企业如何在 1 年内陨落？

曾经如日中天的 Sun Microsystems（太阳微系统公司）因为软件处理不当，在网络泡沫之后一蹶不振。从创业到繁荣，Sun 花了近 20 年，市值曾高达 2000 亿美元，但它的倾覆却只用了 1 年时间。不论公司有多大，离死亡都只有一步之遥。

背靠大海湾，23 万平方米的村落排屋，访客络绎不绝……不用怀疑，这就是门罗帕克黑客街 1 号——Facebook 的总部。这个世界著名的社交工具，其 CEO 扎克伯格，在最近美国权威科技媒体 The Verge 公布的全美最受欢迎 CEO 调查中，排名第一。

而在 Facebook 租下这里作为总部之前，这里曾存在过另一家帝国型公司。

那时的硅谷，正被信息工业的飓风席卷，而当年，这里还不叫黑客街。这家独角兽公司 Sun Microsystems（太阳微系统公司）

就是在这儿，走上它的狂奔之路，其发展势态与如今 Facebook 相比，可谓不相上下。

从市值 2000 亿美元到陨落，只花了 1 年

太阳微电子公司，于 1982 年创立。在 Sun 最辉煌的时候，市值曾达 2000 亿美元，远超当时的谷歌和 IBM。4 年就已经在纳斯达克挂牌上市，堪称史上最快。Sun 还是最早进入中国市场，并且直接和政府合作的计算机公司。

"Sun 微系统"、"太阳微系统"，这个名字，对经历过中国互联网发源期的人来说，如雷贯耳。

然而，这么一个庞然大物，最终仅用了 1 年的时间，就轰然倒下。其场面，何止是用一个"惨烈"能够形容……

传奇一：差点吞掉乔布斯的"苹果"

Sun 首倡云计算，主张开放源码，它还第一个喊出了"网络就是计算机"的口号，当 .com 盛嚣尘上之时，Sun 理所当然地做了那个点亮 .com 的网络玩家，它使网络迅速发展，遍布全球。

但是，对于 Sun 的创始人斯科特来说，在 Sun 的发展史中，发明 Java 是他认为最得意的事。

Java 使 Sun 市值大升，一度超过 2000 亿美元。所有的网络巨头公司为

之一振，IBM、HP、微软为Java配置了专门的开发团队，全球几百万软件工程师眷顾于Java，着迷于Java。

然而，差点吞掉乔布斯的苹果才是Sun的传奇。

1996年初，Sun的股票市值冲向巅峰，而苹果的股票降至冰点，在证券市场上的价格为5美元每股。1月26日，一家科技博客Suck.com称，Sun正在和苹果谈判，愿以38.9亿美元的总价收购苹果。

于是，在一个周二的分析师大会上，时任Sun高管的桑德尔准备宣布收购苹果的计划。他清了清嗓子，正要宣读计划，其中一位苹果的投资银行家突然站出来极力反对。他提出了许多苛刻条件，迫使Sun最终放弃了收购。

传奇二：与微软的生死大作战

除了苹果以外，Sun还曾和科技巨头微软经历一场长达数年的生死之战。

20世纪80年代，借PC机东风，微软与英特尔组成的Wintel联盟所向披靡。微软生产的Windows操作系统一度控制着整个PC市场，获得巨大成功，但是它却忽略了互联网的发展，被另外一家以生产浏览器软件而闻名的网景公司（Netscape）抢占了先机，它先于微软推出浏览器软件。

1985年，Sun成功研究出了Sparc精简指令型CPU，大幅提高了工作站的性能。再加上它基于Unix的服务器系统，可以直接对抗惠普和DEC这样的传统中式小型计算机。

当时，Sun又恰好发明了Java语言，Java语言结构新颖、可实时操作，而且安全性强，适合用于编写浏览器软件。1996年，微软遇到了Sun，两者一拍即合，微软利用Java开发出IE浏览器。

当IE成功问世时，微软将IE捆绑进操作系统中，使得很多电脑用户不得不使用IE作为浏览器软件。网景公司因此受到强烈的冲击，最终被美国在线（AOL）收购。

那么原本是亲密战友的Sun与微软如何翻脸无情？以至Java最后也被Windows无情地抛弃呢？

因为微软意识到Java不仅仅是一种语言，它很可能是.com的替代者，而.com恰恰是Windows基于的编程模型。微软开始对Java进行清扫，Sun又岂是好惹的？

于是双方进行了长达数年的拉锯战。

2000年6月开始，随着微软推出.net战略，两个公司的竞争进一步升级，转变为关乎未来的生死较量。

也正是这一年，Sun跌下神坛，太阳即将陨落。

太阳的最终陨落

从创业到繁荣，Sun花了近20年，而倾覆却只用了1年时间。

Sun的失败，究其原因，就是一直占据主流地位的硬件文化误导了企业的发展。Sun是从硬件起家，对于市场的理解，完全从硬件厂商的角度，强调高端、低量、高价值，并以此部署网络计算。至于软件产品的特性和功能、软件在市场上统领千军万马的趋势，这些在销售指标、合作伙伴、渠道计划及供应链管理面前不值一提。

而Sun真正最为宝贵的是开放的Solaris系统和经典的Java，但是他们并没有很好的利用它们。

或许因为当时的硬件和操作系统太好卖了，创始人麦克尼利只顾着把这些东西卖给大中型企业，建立硬件帝国。可是，他却忽略了微软和英特尔正在靠免费和卖服务蚕食小型企业及微型计算机用户市场，偷偷打着游击战。

2000 年，美国互联网泡沫破裂，大大小小的企业关停无数。Sun 销量惨淡，从 1 年前盈利 9 亿美元，瞬间变成亏损 5 亿美元。

虽然在泡沫过后，麦克尼利辞职、舒瓦茨接任，靠着卖掉公司多处房产，包括如今 Facebook 总部所在的园区，让公司扭亏为盈；靠开源 Solaris 抢回部分市场占有率；用 IT 技术服务带来了强劲的现金流……但也无力回天。

2001 年，Sun 已经沦为美国二流的科技公司，再也无法与苹果和微软、IBM 这样的巨头比肩了。

2009 年，Sun 被甲骨文公司以 74 亿美元收购，2000 多亿美元的市值就这样消散在互联网历史的潮流之中。

而今，苹果的市值是 5400 亿美元，是当年的 142 倍。反观 Sun，在被甲骨文收购后，公司经历不断洗牌，其团队几乎全部出走。

有趣的是，Sun 的落幕不代表牛人也由此落寞，更多人是因为离开了 Sun 而开启了自己的辉煌之路：

曾担任 Sun CTO 的埃里克 · 施密特，2001 年在谷歌创始人的聘请下，担任了 10 年 CEO，现在已经成为谷歌执行董事长；

创始人维诺德 · 科斯拉在 1984 年退出了管理层，在 1995 年创立了具有革命意义的网景浏览器；

创始团队技术大拿安迪 · 贝托谢姆成了硅谷最牛的天使投资人，他投了谷歌、英伟达（Nividia）、Tapulous 等公司；

同样是创始团队成员的比尔·乔伊，后来成了硅谷最牛风投 KPCB 的合伙人，KPCB 投资过美国在线、奋扬公司（EXICITE）、亚马逊……

形象地说，Sun 的落寞，就好比如今 BAT 中任意的一家，一年之内在互联网界销声匿迹。而这家公司用血的教训告诉我们：不论公司有多大，离死亡都只有一步。在创业的道路上，永远不要企图松半口气。

商业汇评

曾经规模超过谷歌和 IBM，差点吞并苹果的庞然大物，居然在 1 年之内轰然倒下，这首先必须令企业警醒，居安思危，无论公司规模有多大，距离死亡都只有一步。另外，Sun 的衰败正是因为企业战略的失误，被眼前一时利益的表象所迷糊，导致错失了真正的潮流与机遇。因此，企业必须关注市场动向，了解政策、经济情况、竞争对手、技术等最新消息，以长远的眼光看待企业的发展。须知眼下的繁荣极有可能是掩盖真正大趋势的烟雾弹。

8. 我们都用过的那个雅虎已宣告死亡！你的公司还远吗？

Yahoo，一个以搜索引擎和电邮客户闻名的网站，2016年于4月18日在美国加州桑尼维尔宣告死亡。屈指算来，Yahoo仅存活21年，可谓英年早逝。曾经叱咤风云、不可一世的雅虎，如今轰然倒闭，商战残酷，可见一斑。

说到雅虎，想必我们已经无法再熟悉了，雅虎曾经是全球最受欢迎的门户网站，一个以搜索引擎和电邮客户闻名的网站。然而就是这样一家有21年历史的互联网公司被后起之秀Google赶超，走向死亡。Yahoo第四季亏损逾44亿美元，反观Google的母公司Alphabet，其第四季业绩盈利49.2亿美元。

我们都用过的那个 Yahoo 倒了

2016 年初，Yahoo 早就预测到了自己的死亡，承认公司已经长久陷于困顿，并在“探索更多战略选择”。而后，Yahoo 开始探索这些战略选择，欢迎初始竞价收购。截至 4 月 19 日，雅虎的首轮竞购期限已经结束，该公司收到了电信运营商 Verizon Communications、私募股权投资公司 TPG 和数字广告公司 YP Holdings 三家公司给出的报价。Verizon（威瑞森，美国最大电信公司）在收购中处于领跑地位。Yahoo 可以选择拒绝收到的竞价，但这一曾经的网络帝国已日薄西山，几乎别无选择。

《每日邮报》、时代公司、微软、Verizon 和其他一些公司都提交了报价，但周一晚间 Verizon 的名字凸显了出来。《华尔街日报》报道说与 Verizon 争夺 Yahoo 残躯的主要竞争者是贝恩资本这样的私募公司。合理估算，Yahoo 的价值约在 30–40 亿美元之间。其他预测者则宣称这些估值严重低估了 Yahoo 这一前互联网霸主，但这些投机商也许忽略了 Yahoo 最近曝光的“金融崩溃”。

雅虎发展史

雅虎创办于 1990 年代中期，其网站创立不久便很快成为了早期互联网用户的最爱，成为一家最炙手可热的网站。这些年来，它的发展起起伏伏，近年被诟病已经落在时代后面。

杨致远和大卫·费洛于 1994 年创建了雅虎，当时他们还只是两位在斯坦福大学就读的学生。一开始，雅虎还不叫雅虎，而是叫“杰瑞（杨致远的英文名）和大卫的互联网指南”。一年后他们摒弃了这个名字。

雅虎成为了互联网界的传奇：仅仅用了 3 年时间，绝大多数网民都将雅虎当成了主页，之后更陆续推出让很多人离不开的雅虎邮件、雅虎搜索和雅虎游戏。早期互联网用户之所以喜欢雅虎，就是因为它以目录形式呈现万维网。也许，让人很惊讶的是，在搜索主导的时代，雅虎目录居然能够活到 2014 年末。它如今仍存在于雅虎日本上。而现在，我们依然能在百度搜索、UC 浏览器上看到相关的影子，只是做得更漂亮，推荐的内容更人性了而已。

雅虎 1990 年代规模最大的并购交易是对 Geocities 和 Broadcast.com 的收购。当时，互联网泡沫在形成当中，互联网可谓炙手可热。雅虎以 36 亿美元的股票收购了提供免费主页的 Geocities，当时人人都想要有属于自己的网站，投资者都想要拥有雅虎的股票。雅虎后来还以 57 亿美元现金拿下网络电台网站 Broadcast.com。

在雅虎迅速发展的同时，其它不计其数的子网站早期似乎前途光明，却都慢慢凋亡，无需再提。在短暂生命的末期，雅虎经历了回光返照，重现了之前的辉煌：2005 年收购了 Flickr；2008 年拒绝了微软 450 亿美元的收购；2013 以 11 亿美元的高价收购了博客平台 Tumblr。这一次，执掌雅虎的梅耶尔还信誓旦旦地说，“我们不会将它搞砸！”

梅耶尔接手雅虎之后，在公司战略上出现了很多错误，雅虎公司先后在广告战争中输给 Google 和 Facebook，随后为新业务倾注了数十亿资金，但最终这一系列投资行为也全数失败。此外，梅耶尔还尝试将网站门户转变成新闻娱乐网站。她招揽了包括电视记者凯蒂・柯丽克（Katie Couric）在内的多位明星来给雅虎制造原创内容。然而，这些行动并没有帮助雅虎增加多少新用户。

尽管雅虎公司存在非常严重的内部问题，和梅耶尔刚接手时相比，公司的股价还是实现了一定的涨幅。但是市场对雅虎已经批评声频出，雅虎可谓四面楚歌，遭到多方的指责与批评。在过去的8年中，雅虎已经遭到了华尔街投资者至少3次批评。

雅虎的难题

就雅虎的情况来看，其77%的股票是由机构投资者掌控的，8%的股票由管理层和个人大股东掌控，剩下15%的股票由散户持有。在美国，科技类板块的股票散户的持有率相对较高，所以15%的散户持有率已经是很高的比例了。雅虎的资产结构决定了机构投资者（华尔街）对雅虎的绝对控制，是一个听从于资本的科技公司。

雅虎无疑是一个被资本控制的公司，这和美国其它科技公司仍然被创始人控制的情况不同，也和中国的上市公司比道义、比情怀的情况迥然不同。

2015年11月19日，美国知名对冲基金Starboard Value的总裁Jeffrey Smith建议雅虎不要拆分阿里的股票成立新的公司，而是把雅虎的其它业务拆分成立一个新的公司甚至全部卖掉。

他的理由是，这样的逆拆分更好地保护了股东的利益，因为阿里的股票相对于继续下滑的雅虎其它业务更有价值。Starboard Value虽然只是雅虎众多机构投资者里的一个，但其所代表的机构（华尔街）势力足以震荡雅虎的董事会乃至管理层。部分机构投资者呼吁保阿里股票而舍雅虎的核心业务更突显了雅虎的身份危机。

戏剧性的是，2015 年 12 月 9 日，雅虎放弃拆分阿里的股票而选择了逆拆分。如果一切顺利的话，雅虎将把所有的核心业务（包括雅虎日本）拆分成一个新的公司，而保留阿里巴巴的股票。这样的话，雅虎彻彻底底地成了笔者之前对其的称谓——阿里巴巴股票代理公司。

雅虎也曾辉煌过。作为一个成立 21 年的硅谷“中老”牌公司，雅虎曾经是全球浏览量最大的搜索网站，全球用户数最多的邮箱，以及最早的门户网站之一。

现今，雅虎的搜索和邮箱业务被谷歌远远甩开，其新闻门户更是江河日下。值得一提的是，雅虎 10 多年前在中国的运作可以说造就了中国本土门户网站，比如网易、新浪的兴起和壮大，但雅虎早已撤出中国多年，而且远远败于他的中国效仿者。

不可否认，雅虎门户网站在美国的失败和美国传统新闻媒体（《纽约时报》、ABC、NBC 等）的互联网化有关，但雅虎缺少的是创新动力。在需求面前，没有颠覆美国传统的视听习惯，所以其新闻门户是一个很不入流的业务。而在中国，网易和新浪成功地挑战了传统媒体，至少给自己开辟了新的、并成为主流的视听习惯。

也许作为阿里巴巴股票代理公司的雅虎还可以东山再起，但这个可能性微乎其微。《纽约时报》在 2016 年 1 月 10 日的文章中提到雅虎内部人心惶惶，只有 30% 多的员工认为公司的处境在改善，并且更糟糕的是，雅虎的裁员还在继续。

一个没有突出主业的雅虎是一个“伪巨人”。雅虎可以一掷千金的买小公司，但这对它并无增益，雅虎实际需要的是找到自己发光的地方。互联网公司要想成为真正的巨人都得有自己近乎垄断性的业务，Amazon 的网购、微软的 Windows、Google 的搜索、Facebook 和 Twitter 的社交软件，甚至新兴巨头 Uber 的打车服务，这些企业的做法都值得雅虎学习，并且需要自我反思为何在这一轮的创新中远远落在别人身后。

如何突出自己主业，打造特色并持续长久地发展是每一个公司都亟待考虑的问题。如果一旦失去了公司发展的主心骨和主打业务，一味模仿别人和并购一些无关紧要的小公司，那你的公司就离倒闭不远了。

商业汇评

整体来看，雅虎最赚钱的业务是广告。雅虎公布了 2016 年第二财季业绩，分析师曾预计，除去一定的费用，第二财季雅虎股票每股收益为 14 美分，低于上年同期的 15 美分。但是，雅虎报告的第二财季收益为每股 20 美分。看上去，雅虎似乎开始逆势上扬。但其实这主要是削减成本的结果，而不是业务大幅增长的结果。雅虎除去利息、税项、折旧及摊销之后的利润（这才是衡量业绩的真正标准）从 2.44 亿美元下跌到了 2.29 亿美元。虽然雅虎的移动、视频和本地业务的收入实现了增长，但其最赚钱的业务却在走下坡路，原因是雅虎的广告客户正在逃离，流量也在下降。雅虎的数据显示，广告收入下降了 7%，搜索收入下降了 14%。再联系 2015 年 5 亿雅虎账户遭大规模泄露等一系列事件，种种迹象显示，雅虎已日薄西山，除非有某种革命式的力量，才可能挽回颓势。

9. 5 年冲到 40 亿元，如今却将除牌！火锅神话小肥羊还能活几年？

一直以来，小肥羊的发展历程如同教科书一般，被写进各种各样成功的商学院案例。

1999 年，小肥羊创始人张钢经过大半年的尝试和研究，终于熬制出了小肥羊秘方。8 月 8 日，内蒙古包头市开起了第一家小肥羊——面积 300 平方米的火锅店。

此后，小肥羊携加盟连锁疯狂跑马圈地，5 年后成为本土餐饮领军品牌，7 年后引入外资风投，9 年后在港股上市，13 年后被全球餐饮巨头接盘……

然而，和很多引入资本巨头的餐饮品牌一样，曾一度风光无限的“中华火锅第一股”，被控股后开始走下坡路。2008 年 6 月~2012 年 2 月，仅仅上市 4 年不到，小肥羊就已被除牌。如今在热闹的街头，已经鲜少能见到小肥羊的踪迹。

小肥羊现在去哪了呢？这些变化的背后，到底发生了些什么？

品牌之战——“疯狂”跑马圈地

自第一家省级加盟商于 2001 年在河北市场被授权，小肥羊以此为基点，开始了连锁加盟扩张之路。

为了加快跑马圈地速度，小肥羊一方面降低加盟门槛，另一方面授权省级加盟商发展区域加盟。

这两大策略，让小肥羊疯狂奔跑起来，3 天新开 1 家加盟店的速度令人瞠目结舌。

2 年后，小肥羊加盟店已高达 721 家。

2004 年，如日中天的小肥羊实现了 43.3 亿元的营业额，名列全国餐饮企业百强第二。也正是这一年，小肥羊开始调整加盟战略，在店面拓展上进行战略收缩，开店速度减缓。

即使如此，截至 2005 年底，小肥羊的终端门店 716 家，其中直营店 80 家左右。

加盟模式让小肥羊仅用短短三四年时间，就实现了全国覆盖，建立了品牌的全国知名度。

上市之路——“血洗”加盟商

疯狂的规模跃进，失控成为必然。

未能在快速发展过程中建立标准化体系的小肥羊，与加盟店的关系松散，缺乏必要的控制力。

问题累积，最终集中爆发，致使加盟店在品牌、菜品、品质、财务等众多层面失控，消费者终端体验变差。

为向更高层次发展，2006 年 7 月，小肥羊引入 3i 和 PraxCapital 两家私募基金 2500 万美元的注资，为餐饮业吸引国际资本开了先河，上市成为小肥羊新的战略目标。

有了资本推动，小肥羊痛下决心进行了一场大规模的战略收缩式调整：经营不善的加盟店，只要合同到期，坚决不再授予经营权；加强与优质加盟店的合作，通过控股、参股等形式进行大规模的收编；收回省级代理权，直接管理区域加盟商旗下加盟店。

“关、延、收、合”等“血洗”加盟商策略成果显著：2007 年，小肥羊店规模从 700 多家降至 300 多家，其中直营店 105 家，加盟店 221 家。

大规模的战略收缩，一方面淘汰了 400 多家经营不善的店面，另一方面加强了店面管理，提升了服务水平，最终年营业额并未受影响。

2008 年 6 月 12 日，小肥羊如愿在香港上市，成为国内首个在境外上市的品牌餐饮企业。

“嫁入”豪门——今“肥”昔比

至此，小肥羊的发展战略十分成功：借助连锁加盟模式，快速跑马圈地；随着规模和品牌力提升，借助资本力量加强管控，实现上市。

上市不到一年，也就是 2009 年 3 月 25 日，百胜斥资 4.93 亿港元入股小肥羊，占 20% 股份；随后不断增持，直至 2011 年 5 月 3 日宣布以近 46 亿港元现金私有化小肥羊。

仅仅 2 年多时间，小肥羊便把自己“嫁入”豪门。

对于中国很多餐饮企业而言，能够借力资本，以收购和加盟等快捷方式提高市场占有率，是多么梦寐以求的事！

然而，扩张、融资、上市、嫁豪门，神话般的发展过程不代表一定会有神话般的结果。

据《第一财经日报》近日报道，“百胜接盘的小肥羊究竟发展怎样，因为私有化而不为外界所知，不过，多名小肥羊内部及接近小肥羊的人士透露，由于内外部因素，这两年客流量减少了”。

而对于《第一财经日报》记者的采访，百胜方面以极其精简的官方表述予以回复，对小肥羊近 4 年来的门店数量变化、整合效果等问题，避而不答。

那么，几年之中小肥羊到底发生了什么？

磨合之殇——外来和尚，水土不服？

实际上，百胜接手小肥羊之后，便利用自己的成熟系统和品牌力，对小肥羊进行大力改造，以期再创奇迹。

然而，用心做事，并不一定就是正确的做事。

先说系统对接。

百胜有成熟的系统，但小肥羊也有一套成熟的系统，两个系统需要在物流配送、菜单、员工培训等方面进行整合和对接，工程浩大，绝非一蹴而就。

再说品牌升级。

为了全面提升小肥羊的餐厅环境、菜品和服务质量，百胜在传承和发扬小肥羊品牌“一锅汤、一盘肉”的核心竞争力的同时，坚持“立足中国、融入生活”的总战略，对小肥羊做了全新的品牌形象和运营标准的升级。

显然，百胜将更多的精力集中在了体系、标准、管理等西方企业最擅长的方面，却忽略了企业的基因、人的因素和行业的实际发展状况。因而，这场洋快餐巨头与中式火锅霸主的结合，似乎磕磕绊绊。

问题一：企业文化精神的缺失

小肥羊创始团队随着收购发生后的体系和管理风格的变化，因不适应或其他原因频频套现离去，造成小肥羊多年的企业基因和文化精髓渐渐散去。

问题二：缺乏创新

标准化自带的复制、扩张功能对于西餐而言是核武器，比如必胜客可以通过菜品创新实现消费者的重复消费，每年创新菜品在 20 道以上，肯德基同样不遑多让。

但对于小肥羊而言，标准化虽然有利于管理和获取规模利润，但火锅菜品标准化带来的弊端则是菜品更新缓慢，这在变化迅速的火锅行业，不能说不是一种弊端。

问题三：文化差异的冲突

小肥羊火锅与中式文化结合的独特场景设计，随着西餐的标准化逐渐丧失。但火锅相比快餐多了社交属性，火锅与西餐在场景设计、文化等方面显然都有较大的冲突和差异，难以一套了之。

问题四：中国火锅业的井喷

管理团队对中餐文化属性的把握以及火锅行业发展趋势的感知，也许不是那么得心应手，就在他们忙于系统对接、整合、标准化、品牌升级等方面之际，中国火锅业却开始井喷。

海底捞迎合大众从野蛮到精细化服务需求转化，快速实现了直营扩张，逐渐成为火锅品类第一；较小肥羊早一年起步的呷哺呷哺火锅，以新颖的吧台式涮锅形式形成市场突破，其独特的就餐形式和家庭式服务策略，使其建立了一套独特的发展之路。

更多火锅新形式和新品牌如雨后春笋般冒了出来，也许因为对市场变化缺乏相应感知，小肥羊随着竞争对手的成长，不仅失去了成为火锅品类领导者的最佳时机，而且发展路径逐渐变得狭窄。

同样是火锅，海底捞为何赢了小肥羊？

海底捞和小肥羊，一个来自四川，一个来自内蒙古。但他们都有一个共同的特性，都是在北京成为火锅王者，并且都是以宴请为特性，可海底捞最终战胜了小肥羊，原因在于海底捞把握了主流的火锅发展趋势，也看清了目标消费者和目标市场。

2000 年后，中国消费水平一直在提高，而小肥羊却一直都在原地踏步，未抓住中国人对火锅这个物种升级的趋势。

海底捞则暗合了最好的时机，一直都注重出品的升级。从服务、空间环境、产品质量都远远超过了小肥羊。中国餐饮品牌创始人许战海说，“当时，海底捞借了一个势能，就是当时全国火锅行业最大的问题是服务不好，海底捞说自己的服务好，就是借了整个火锅行业之势，把自己的服务做到最好。”

火锅在中国的餐饮百强中占到了 1/3，这个物种在中国餐饮业会长期存在，可力量会慢慢被削弱。就是在这种趋势下，出现了很多细分类的火锅，如鱼火锅、羊排火锅、汉方火锅等等，但是这类火锅却很难成为主流物种。所以，想要做强大的火锅品牌，一定要从主流出发。

而在抓住主流的同时，一定要看清你的消费群体和目标市场，像定位高端的海底捞，它的目标市场定位和面向消费者群体就比起小肥羊要明晰很多，它在产品和服务的改善上，也更有针对性，从而也有更大的提升空间。

另外，海底捞的前台服务也极有特色，首先是引导进场的热情，让顾客有种“上帝”的感觉。如点菜环节，海底捞的点菜“半份”制可谓为明智做法。对于火锅来说，菜品多才是特色，因此半份的分量推出有助于品尝更多的菜品。再次说到点菜系统，IPAD 点菜的随时下单以及服务员在身边让你感受到点菜的方便（一般餐饮，下完单后再点菜非常麻烦，服务员不在，上菜速度慢等）。因此，在海底捞“少点多次”的方法可以避免吃不完浪费，并且随时可以根据当时口味情况点自己想吃的菜品。

另外，海底捞对于 O2O 布局也非常全面，它的就餐场景有 4 种：①官网订餐；② APP 订餐；③直接店面用餐；④微信点餐。顾客可以随时就近方便点餐。

不管在前台的服务上还是 O2O 布局上，小肥羊都要逊色很多，它依然保留着传统一套的作风，不与时俱进。而一旦一家企业失去了敏锐的市场嗅觉，丧失了自身的文化价值，还忽视了消费者的需求变化，那它被消费者抛弃也即将成为必然。

商业汇评

在企业达到最繁荣的顶点时，也是开始走向没落的起点。小肥羊的没落，有两个关键节点，第一个节点是连锁加盟的疯狂扩张，规模的盲目跃进，必然带来效益的下降。小肥羊未能在快速发展过程中建立标准化体系，缺乏必要的控制力，与加盟店的关系松散，致使加盟店在品牌、菜品、品质、财务等众多层面失控，消费者终端体验变差。第二个节点是“嫁入”豪门，被百胜收购，虽然经过融资上市，在资本运作方面取得了成功，然而却并不适合小肥羊的发展。在被收购之后，由于管理层与公司基因的不相融遭遇了“水土不服”，过于偏重标准体系而缺乏对品牌、文化、创新的重视，在行业迅速扩张、竞争对手大量涌现的市场背景下，从之前的领导者地位慢慢落后于行业发展步伐，从而走向没落。这些问题，是每一家企业都应该注意的陷阱。

10. 玩跨界巨亏 40 亿元！恒大到底败在哪里？

2013 年底，地产界大佬恒大吹响了多元化号角，推出了首个跨界快消领域产品——恒大冰泉，计划 2014 年销售 100 亿元，2016 年达到 300 亿元，一时间吸引了媒体和众多人关注。

但这个出身豪门的产品，并没有取得预想中的辉煌。2014 年目标 100 亿元，实际销售接近 10 亿（9.68 亿元），而 2013 年、2014 年、2015 年 1~5 月累计亏损达 40 亿元。

一场具备了足够资金火力、产品力和传播火力的大手笔产品运作，最终却交出了一年亏损 23.7 亿元、累积亏损 40 亿元的巨亏成绩，这是为什么呢？

表面上看是恒大策略失误，而深层问题却是恒大遭遇了“跨界困境”。

恒大冰泉发展不好，许多看笑话的人便纷纷出言反对大企业的多元化发展和跨界发展，认为企业跨界必将失败，只有聚焦发展才是长久之道。

这些人并没有看到恒大跨界到足球获得的巨大成功，没有看到李嘉诚做了多少“不聚焦不专注”的事情，更没有看到世界500强、中国500强里一半以上的企业在实施多元化战略的事实。

因此恒大冰泉此次的跨界失败不能将其他企业的跨界发展一竿子打死，出身豪门的恒大冰泉惨败是其自身在多元化发展中因众多原因交织而遭遇了跨界困境。

而跨界中常见的问题就是“自我智力优越感”，认为新领域的企业水平一般、操作能力一般，自己一进去就会把他们打得落花流水。这会引发企业对新领域的运作特点不重视，不做深入研究、分析，从而导致诸多策略失误，深陷困局。

恒大冰泉的背景

对于恒大冰泉而言，它有着很好的出身和强大的团队，一支在中国地产市场争雄称霸的团队。早年，恒大在地产业就已经很有影响力，与合生创展、碧桂园、富力、雅居乐，并称地产业“华南五虎”，其后一步步登上中国地产10强、5强、3强，乃至于亚军，甚至未来可能冲击老大万科的第一宝座。恒大地产又跨界到恒大足球，并且办得风生水起。

恒大冰泉出身于年销售规模千亿元、净利润百亿元的恒大集团，可以说是含着金钥匙出生的“名门”。而在运作之初，恒大冰泉更是优势颇多，主要体现在资金优势、产品优势和传播推广优势上。

出身豪门，具有很强的优势，却出现了巨额亏损，为什么？恒大冰泉到底败在哪里？

失利原因 1：定价问题——对中国水饮品行情不了解

定价问题是恒大冰泉操作最失误的一点。2013 年 11 月 9 日，在恒大的亚冠夺冠庆典上，万众瞩目的时候，恒大冰泉标识公布，可谓是赚足了眼球。

但有一个问题一开始就暴露出来，成为致命软肋，那就是定价太高。

国内以前的饮料类产品的价格在 3 元以内，甚至是 2.5 元以内，可口可乐和百事曾经的 2.5 元都被认为价格不低，经过这么多年饮料价格才过了 3 元线、4 元线，超过 5 元就会卖得一般，甚至很差。直到 2016 年，大家才开始在 5 元价格线上做文章，在恒大冰泉上市那个时期，国内饮料主要集在 3 元以内！

在大众心理上，水的价值和饮料相比差多了！在价格线上远低于饮料！远低于 3 元！这也是为什么水饮品的价格和饮料价格相差甚远的原因。

市场上走量最大的两个水饮品，康师傅矿物质水 1 元左右一瓶，另一个算是售价相对较高的农夫山泉终端售价 1.5 元一瓶，而恒大冰泉却定在 3.8 元一瓶（甚至 4 元以上），几乎是同类的两倍以上。

也许恒大冰泉是要对照国内把价格定在高端的昆仑山，但高端市场毕竟有限，相对国内整体水市场占比一般，远无法与农夫山泉、康师傅相比，更远无法与凉茶产品加多宝等相比。

营销上有“定价定天下”的说法，价格定的不到位，可能就会把企业放到一个尴尬的境地。

另外，恒大在几次摸索之后，在产品卖点上已经找到了不错的诉求方向，“恒大冰泉——3000万年长白山原始森林深层火山矿泉，世界三大黄金水源之一”，充分体现了水源的独特卖点和价值，诉求还是很吸引人，如果价格合适，对市场会很有冲击力。

但是恒大冰泉依然死咬着高价不放，销路始终不能完全打开，再好的水也无力回天了。

失利原因2：传播诉求的不足——变换太快

传播的诉求要解决一个“消费者为什么要买”的理由，要能说服和吸引消费者。

史玉柱曾说“广告最怕变来变去”。如果你一年两年就变个广告语，那前面的积累就全丢掉了。

而我们在恒大冰泉投放的的广告中看到，恒大的诉求一直变来变去，如果说早期空喊恒大冰泉，对消费者吸引力有限、需要变化情有可原。

而当恒大逐渐找到“长白山深层火山矿泉、世界三大黄金水源之一”的诉求时已经比较有吸引力了，这个点如果持久打，在消费者心中构建起独特的“世界三大黄金”水源之一的价值，并抢先将长白山卖点与产品相连，在消费者心智占位，能有效构建出强大竞争力。

但很可惜，我们看到恒大冰泉的诉求却在各种变，到后面恒大的诉求都变成了做饭的必用品，煮饭做饭都用恒大冰泉，然后是“一处水源、供应全球”，现在又是“一瓶一码”，离那个有吸引力的诉求越来越远。

广告频繁变换的一个因素就是，太希望拉动销量上升，但主要引发消费者购买障碍的是价格，成了致命门槛，而恒大认为广告效果不好，于是不断变来变去，这种频繁的变，不仅没达到上量的效果，反而引发了消费者的品牌认识模糊。

这里可以对比，农夫山泉当年的两个诉求，“农夫山泉有点甜”“我们不生产水、只做大自然的搬运工”都坚持打了很多年，也彻底在消费者心中构建了“农夫山泉 = 好品质水”的品牌形象，最终构成了它的销量。

这点上，恒大冰泉有些可惜！

失利原因 3：渠道大跃进——过犹不及

“快”与“质量”很难做到两者同时兼得。

在快速消费品领域，渠道极为重要，甚至是生命线！更为重要的是，渠道终端是一个需要慢工出细活的领域，是一个下苦力、费工夫的工作。

恒大冰泉对于渠道的投入很大，成立了多个分公司运作，凭借雄厚资金实力，迅速组建了庞大的团队，投入大量资源运作。

但是，恒大冰泉一开始就在渠道上才采取了大跃进式的运作。在初期，恒大冰泉曾表示 1 月铺货 20 万个终端，可想而知，虽然有数量，但质量能能做到什么程度？

并非渠道快速运作不好，为了上市求快速铺货无可厚非，但渠道终端要想做好，不是铺完货就完事了，是一个需要精耕、细养的工作——客户关系、终端陈列、终端宣传物料等等，有很多精细工作要做。

失利原因 4：操作节奏不足——操之过切

进入一个新领域，操之过切往往适得其反！在恒大冰泉广告诉求频繁变换、渠道扩张大跃进的背后，所反映的都是操作团队的过于操切。

也许是当时夸下的“2014 年销售 100 亿元，2016 年销售 300 亿元”的目标压力，导致团队过于操切，非常想快速上量，特别是广告变来变去，非常想有一个快速拉动销量的效果。

但任何一个品牌都有一个成长的过程，而且恒大的品牌要在消费者的心中实现从地产到水饮品的跨越，需要有一个接受过程，一旦能跨越过去，后面增速就会加快。

而恒大冰泉恐怕是所有快消品中广告内容和诉求更换频率最高的饮品。结果让大家对恒大到底是什么，以及为什么购买越来越模糊。

而农夫山泉已经把长白山这个概念资源占领得越来越强，从水源寻找的认真精神，到工艺的严苛要求，再到人性化的设计等，在消费者心中看到农夫山泉做得多么与众不同。

失利原因 5：团队不足——对行业的摸索成本变大

行业有不同，要想操作好，懂行的团队尤为重要，而这点上，我们看到恒大有很大的不足。

恒大开始操作恒大冰泉的时候，主力团队都来自于恒大地产，地产业和快消品在操作上有相似的地方，恒大过去的利器，媒体推广是可以依旧发挥作用，但两个行业还是有些区别，不同的渠道资源，操作细节等。

相对照，恒大也有跨界成功例子，那就是足球领域——恒大操作足球产业的时候，引进足球领域里的专业人才来做专业的事情，聘请专业顶级的人才来操作，在资金的投入下，最终成就了一个记录——五夺中超冠军，两夺亚冠。

但是，恒大在操作冰泉上却没有这样，没有遵循快消领域、矿泉水领域的规律，企业付出的代价更高。恒大冰泉，2015 年下半年有所调整，但错过了市场第一次启动的良机，如不能第一次一炮打响，后面难度加大。

2015 年 9 月，恒大冰泉在广州宣布，对旗下所有产品进行降价，最高幅度达 50%。

其中，主打产品 500ml 装从此前的 4 元调整为 2.5 元，降价近 4 成。此外，350ml、1.25L、4L 产品全国零售价也分别从此前的 3.8 元、6 元、25 元调整为 2.5 元、5 元和 12.5 元。最多降价幅度达 5 成。

降价背后一方面反映了销售困境，另一方面说明管理层对矿泉水市场有了比以前理性的认识，但时机已经失去，特别是那个万众瞩目的第一次上市，恒大冰泉错过了最好的第一次上市良机！一旦前面一次启动没把市场做起来，到后面二次启动，难度就会越来越大！

跨界成功，并非不可能，但前提是要掌握新领域的运作规律！像三星就可以跨界，既做手机又做服装，LG 既可以做空调也可以做牙膏，通用电子既可以做医疗设备也可以做金融，乔布斯可以创建苹果电脑再跨界到动漫行业再回到苹果，开创一个伟大的时代。掌握了新领域运作规律并娴熟运作，跨界有成功可能，企业商业帝国版图可进一步扩大。

如果企业没有掌握新领域规律，且带着过去成功的过度自信，轻视新领域，往往会遭遇重大挫折！甚至有时候，企业过去的经验、成绩，往往会成为新领域的包袱！

从来没有永远成功的人，也没有永远失败的人，企业和品牌同样如此。

但愿恒大冰泉的失败也只是“暂时失败”，未来恒大会怎样调整组织结构和优化人才，从而提升集团在饮用水领域的运营能力，让恒大冰泉走出低谷迈向成功，成为中国矿泉水行业的领军品牌，一定是许多喜爱恒大足球和恒大冰泉的人持续关心的事情。

商业汇评

恒大冰泉亏损的重要原因，在于定价太高走得太快，战略与战术的不匹配。恒大冰泉的战略是要做饮用水高端品牌，但它采取的是“大路货”式的战术。既然是高端产品，就不是所有人群都能消费得起的，然而它却在所有渠道进行铺货，产品大多在以街边店为代表的传统渠道进行销售，特殊渠道和商超渠道占比很小。恒大冰泉一经推出，就花了大力气、大价钱打广告，虽然广告铺天盖地，但并没有找准消费群体。而任何品牌的成功，都在于定位精确且在渠道布局上有的放矢。另外，从企业角度看，作为地产公司，恒大并不具有饮用水领域的渠道优势。

参考文献

[1] 马丁·里维斯、纳特·汉拿斯、詹美贾亚·辛哈:《战略的本质：复杂商业环境中的最优竞争战略》，中信出版社，2016 年。

[2] 陈威如、余卓轩:《平台战略：正在席卷全球的商业模式革命》，中信出版社，2013 年。

[3] 张波:《O2O 移动互联网时代的商业革命》，机械工业出版社，2013 年。

[4] 亚历山大·奥斯特瓦德、伊夫·皮尼厄、格雷格·贝尔纳达、艾伦·史密斯:《价值主张设计：如何构建商业模式最重要的环节》，机械工业出版社，2015 年。

[5] 喻晓马、程宇宁、喻卫东:《互联网生态：重构商业规则》，中国人民大学出版社，2016 年。

[6] 亚历山大·奥斯特瓦德:《商业模式新生代》（经典重译版），机械工业出版社，2016 年。

[7] 魏炜、朱武祥:《新金融时代：发现商业模式》，机械工业出版社，2009 年。

[8] 魏炜、朱武祥:《新金融时代：重构商业模式》，机械工业出版社，2010 年。

[9] 郑翔洲、叶浩:《资本与商业模式顶层设计——互联网时代如何发现企业高利润区》，电子工业出版社，2014 年。

[10] 三谷宏治：《经营战略全史》，江苏文艺出版社，2016 年。

[11] 郑翔洲、吕宝利、陈扬：《新商业模式创新设计：当资本插上“互联网 +”的翅膀》，电子工业出版社，2015 年。

[12] 项建标、蔡华、柳荣军：《互联网思维到底是什么——移动浪潮下的新商业逻辑》，电子工业出版社，2014 年。

[13] 艾伯特·拉斯洛·巴拉巴西：《链接：商业、科学与生活的新思维》（10 周年纪念版），浙江人民出版社，2013 年。

[14] 杰克·韦尔奇、苏茜·韦尔奇：《商业的本质》，中信出版社，2016 年。

[15] 鲍勃·罗德、雷·维勒兹：《大融合：互联网时代的商业模式》，人民邮电出版社，2015 年。

[16] 杜博奇：《名创优品没有秘密：通向未来的商业力量》，中信出版社，2017 年。

[17] 威廉·尼克尔斯、吉姆·麦克修、苏珊·麦克修：《认识商业》（插图修订第 10 版），世界图书出版公司，2016 年。

[18] 彼得·蒂尔、布莱克·马斯特斯：《从 0 到 1：开启商业与未来的秘密》，中信出版社，2015 年。

[19] 王坚：《在线——数据改变商业本质，计算重塑经济未来》，中信出版社，2016 年。

[20] 魏炜、朱武祥、林桂平：《商业模式的经济解释：深度解构商业模式密码》，机械工业出版社，2012 年。